kiepenheuer
AUFBAU VERLAGSGRUPPE

ADAM SOBOCZYNSKI

POLSKI TANGO

EINE REISE DURCH DEUTSCHLAND UND POLEN

GUSTAV KIEPENHEUER VERLAG

ISBN-10: 3-378-00675-7
ISBN-13: 978-3-378-00675-1

1. Auflage 2006

Einbandgestaltung gold, Anke Fesel und Kai Dieterich
Druck und Binden GGP Media GmbH, Pößneck
Printed in Germany

www.gustav-kiepenheuer-verlag.de

INHALT

PROLOG:
EIN PAAR TANZT

ES WAR SPÄT GEWORDEN im Piękny Pies, einer Kneipe in der Krakauer Altstadt, die übersetzt »Schöner Hund« heißt. Von der undichten Tür her drang Kälte herein. Ich saß am Tresen, ein Gast schob seinen Arm über meine Schulter, nahm zwei Wodka entgegen. Das Personal schien hier alles gleichzeitig zu bewerkstelligen: das Spülen, Kassieren und Zapfen des Bieres, das mild, ja süffig schmeckte: Żywiec.

Die Erde bebte. Von einem Moment auf den anderen. Als sie die Charts abstellten und den Tango auflegten, den polnischen Tango, und das Lokal in eine ferne Vergangenheit gerückt wurde. Ein Paar hatte sich vom Tisch erhoben: sie, nicht mehr ganz jung, stark geschminkt. Ihr Partner war bärtig, sein Goldzahn, wenn er lachte, funkelte im Kneipenlicht.

Kayah, die polnische Sängerin, sang vom Tabak, vom ungesunden Rauch, der auch diese Kneipe ausfüllte. Ein langsamer Tango, fast getragen, nur wenige Jahre alt, wie ich später erfuhr, ein Retro-Stück, doch es klang, als sei es in den Zwanzigern eingespielt worden. Unterlegt vom Cello sang Kayah: »Laß den Tabakbeutel hier, laß ihn mir für immer, als ein Zeichen deiner Liebe« – »Na zawsze zostaw, jak znak miłości twojej.« – »Laß den Tabak mich langsam vergiften« – »Niech truje mnie powoli.«

Mir behagte die Situation, in die ich geraten war, nicht. Ein tanzendes Paar in einer Kneipe und eine Musik, bei der eine ordentliche Portion Lebensgefühl samt Tabak, Tod und Liebe mitschwang, verführen zu Sentimentalitäten. Und ich hatte mir seit langem eine Abgeklärtheit angewöhnt, die ich nicht deutsch nennen möchte, aber die dort wohl ihre Wurzeln hat. Und spätestens die 90er Jahre haben Lebensgefühlen, in denen man sich verliert, den Garaus gemacht. Jedes Statement ist ein Zitat, jede Freude ironisch unterwandert, jede Trauer von Coolness überdeckt. Doch es war zu spät für Rückzugsgefechte, ich war einer kitschigen Kneipenromantik verfallen und ließ es geschehen.

Und obgleich ich von Musik nichts verstand, begriff ich sofort, worauf es beim Tango ankommt: Es war ein Tanz der ungleichen Zeit, der voneinander wegstrebenden Bewegungen, der Nähe und der Ferne, des Abschieds und der Wiederkehr. Manchmal stand der Mann für wenige Sekunden bewegungslos, während die Frau weitertanzte. Und für einen Moment, das Bild galt es festzuhalten, reckte die Frau den Kopf nach hinten, ihr faltiges Antlitz, und lachte laut auf, wie erfrorenes Glück. Dann tanzte das Paar im Gleichschritt weiter, mit gierigen und gleichsam kontrollierten Griffen, traurig und befreit zugleich.

Ein Mann, dessen Namen ich mittlerweile vergessen habe, saß neben mir am Tresen, eine, wie er selbst sagte, »verlorene Seele«. Er erzählte eine Geschichte. Wirr, ein ungeordnetes Puzzle, die Bruchstücke ergaben in etwa folgendes Bild: Seine Eltern seien so reich, Immobilienmakler, und er so arm, daß er sich überworfen habe mit ihnen und nun durch Krakaus Kneipen ziehe, tagaus, tagein, und eines Tages, ja, eines Tages, er wiederholte sich, würde er für immer wegziehen. Nach Kanada, nach Kanada. Und daß er unglücklich sei und einsam. Er war groß, er hatte schulterlanges schwarzes Haar, war zwischen 30 und 40 Jahre alt, so genau ließ sich das nicht sagen, er lachte, er nahm einen tiefen Zug Żywiec. Der Mann goß schon den ganzen Abend das Bier in seinen Rachen, es schoß hinein wie ein Wasserfall auf nackte Steine. Dann blickte er glasig auf mich herab. Das Paar tanzte an uns vorbei.

Ich erzählte, daß ich beabsichtigte, ein Buch über Polen zu schreiben. Er nickte, er hörte nicht zu. Ich erzählte, daß ich Polen verlassen hatte vor langer Zeit, daß ich von diesem Land lange Zeit nichts mehr wissen wollte. Daß ich mich früher schämte, ein Pole in Deutschland zu sein, des Bildes wegen, das man in Deutschland von Polen hatte, und mich erst spät, jetzt erst, mit 31 Jahren, daranmachte, es für mich neu zu entdecken.

Er blickte mich wortlos an.

»Polski Tango, ein schöner Polski Tango«, sagte ich zu ihm, um dem Schweigen, das sich zwischen uns gelegt hatte, zu entrinnen. »Nein«, erwiderte er, schüttelte langsam den Kopf, »es heißt Polskie Tango, Polskie Tango.«

Er verbesserte mich häufig an diesem Abend, ein strenger Lehrer, mein Polnisch war zwar flüssig, wurde immer flüssiger, je mehr ich trank, doch die Endungen brachte ich durcheinander, die sieben polnischen Fälle, die Geschlechter und Konjunktionen hatten in meinem Polnisch ein unkontrolliertes Eigenleben zu führen begonnen. Es war hoffnungslos. Ich wurde verstanden, aber ein jeder wußte sogleich, daß ich aus Deutschland kam. Dort war ich oftmals »der Pole«, trotz eines deutschen Passes, in Polen würde ich fortan »der Deutsche« sein. Und eine Frage verfolgte mich auf meiner Reise beharrlich: ob ich bei der Fußball-Weltmeisterschaft nun ein Fan der Deutschen oder der Polen sein würde. Ich zuckte jedesmal hilflos mit den Schultern, scherzte mich über eine Antwort hinweg.

Kayah sang weiter vom Tabak. Und das Paar, unermüdlich, tanzte einmal mehr an uns vorbei, fast hätte es uns berührt.

»Tango«, sagte mein Tresennachbar, »ist ein Neutrum.« Das war auch sein letztes Wort, sein Kopf sank auf den Tresen, die Augen waren halb geschlossen. Wie tot, dachte ich kurz, doch er atmete leise und schwer.

Schwarze, verbrannte Galle ergießt sich ins Blut, so

hat man sich das einst vorgestellt, wenn die Melancholie einen ergreift, das Vergnügen, traurig zu sein. »Na zawsze zostaw, jak znak miłości twojej« – »Laß den Tabakbeutel hier«, sang Kayah, »laß ihn mir für immer, als ein Zeichen deiner Liebe.« Sie tanzten noch immer. »Niech truje mnie powoli« – »Laß den Tabak mich langsam vergiften.« Und ich schaute mich um in der Kneipe, und die übrigen Gäste blickten auf das Paar, das den Tanz nicht lassen konnte, berauscht von sich selbst.

Ich lächelte. Selbst nicht mehr ganz nüchtern, war ich in den Mittelpunkt meiner eigenen Erzählung geraten. In eine Erzählung der ungleichen Zeit, der wegstrebenden Lebensläufe diesseits und jenseits der Oder. Der Vergangenheit war ich auf der Spur, es galt, sie einzuholen, wohl wissend, daß sich die Vergangenheit niemals einholen läßt. Nur ihr Abglanz blitzt hervor für Augenblicke, aus verloren geglaubten Zeitschichten, und sie bleibt doch fern, einem Geist gleich, nach dem eine Hand greift, vergeblich: Sie greift durch ihn hindurch. Die Erinnerung ist mit der Lüge verwandt, der Blendung, der Verstellung. Sie lebt, spukt, zieht uns, zumeist unvorbereitet, fort. Sie reißt uns aus der Zeit, in der wir leben, mit Gewalt in einen Bildersturm.

Ich hatte mich auf den Weg gemacht, um Menschen wiederzusehen, die ich Jahre, Jahrzehnte nicht gesehen hatte, auf einen Weg durch die eigene Vergangenheit. Ich würde Grażyna treffen, die erste Kinderliebe in meiner Heimatstadt, und Tadek, meinen Onkel, der mir einst in Sommernächten in einem kleinen Dorf an der masurischen Seenplatte von Verbrechern erzählt hatte, die Gänse stahlen. Von meinem Großvater würde ich schreiben, der Wodka brannte, heimlich in der Küche. Davon, daß wir auszogen aus Polen, meine Eltern und ich, um in Deutschland unser Glück zu finden. Davon würde ich zuerst erzählen, der Chronologie wegen, von den ersten Schritten in dem neuen Land, das nunmehr ein vertrautes geworden war, und Polen ein fernes.

Und ich würde durch Warschau ziehen, durch die von kommunistischen Alleen vernarbte Stadt, um zu erkunden, wie die schöne neue Warenwelt Einzug hält, unaufhaltsam.

Ich würde mich der Gegenwart nähern, den Zwillingen, die das Land regieren, den Kaczyńskis. Auch den polnischen Künstlern, Malern und Schriftstellern wie Tadeusz Różewicz, der mit der Waffe im Anschlag einst gegen die Deutschen kämpfte. Im Aufstand. Ich würde Steffen Möller treffen, der fast jeden Abend als deutscher Star in einer Soap Opera durch polnische Fernsehkanäle geistert.

Und bei all dem, bei den Gedanken an die Erzählung, die vor mir lag, hatte ich es beinahe übersehen:

Ich war bereits mittendrin.

1
GRAŻYNA

MONATE SPÄTER ERST, bei einer der letzten Stationen meiner Reise, stehe ich vor den Klingeln des polnischen Hauses, in dem ich aufwuchs, das meine Eltern verließen, als ich sechs war. Sie wanderten mit mir nach Deutschland aus. Vor 25 Jahren. Nur noch Nummern, keine Namensschilder wie früher. Ich bin mir unsicher, wo ich klingeln soll. Ein kleiner Mann tritt aus der Haustür des vierstöckigen Wohnblocks, stapft mit schwarzen Stiefeln in den Schnee. Ich frage ihn, ob Grażyna Malinowska noch hier wohnt. Er antwortet nicht, kommt aber näher, drückt auf eine Klingel. Rasch ertönt das Surren des Türöffners. Ich steige die Treppen hinauf.

Wir lebten in der Ulica Kościuszki in Toruń, 180 Kilometer nordwestlich von Warschau, 220000 Einwohner, verfallene Patrizierhäuser, mittelalterliche Gassen und Kirchen in roter Backsteingotik. In der Altstadt mochte früher niemand wohnen, meine Eltern auch nicht: keine Heizung, die Bausubstanz marode, die Wände verschimmelt. Das Arbeiterglück lag in unserer Ulica Kościuszki. Am Rande der Altstadt baute der

Chemiebetrieb Elana, in dem mein Vater als Maschinenbautechniker arbeitete, eine kleine Arbeitersiedlung. Unser Haus gehörte dazu, vier Stockwerke mit identischen Wohnungen: drei Zimmer, so klein, daß kein Schrank umkippen konnte, eine Küche, Bad, insgesamt 48 Quadratmeter. Von den Fenstern aus blickte man auf den nächsten, baugleichen Block, dazwischen lag ein karger, asphaltierter Platz mit Spielgerüsten für den sozialistischen Nachwuchs.

Im September 1981 sollte uns ein Zug nach Deutschland bringen, nur wenige Wochen bevor in Polen der Kriegszustand ausgerufen und die Gewerkschaft Solidarność für Jahre zerschlagen wurde. Wir durften auswandern, da die Eltern meiner Mutter deutscher Abstammung waren. Meine Mutter sprach gebrochen Deutsch.

Ich stand das letzte Mal vor der Ausreise auf meiner Straße, auf dem Platz zwischen den Wohnblöcken. Ich blickte hinauf in die erleuchteten Fenster unserer Wohnung, meine Eltern packten die Koffer. Vater hatte gesagt, ich dürfte ein letztes Mal noch auf mein orangefarbenes Fahrrad steigen, auf dem Platz vor dem Haus, der für Autos gesperrt war. Zwei Schaukeln standen zwischen den Häusern, Turngerüste und eine Sandkuhle gab es. Nach nur einer Runde um die verwaisten Spielgeräte war die Fahrt beendet. Vor der Haustür unseres Blockes wartete Grażyna, strich sich blonde Strähnen aus der Stirn. Zeit, sich zu verabschieden.

Grażyna, die Große. Sie war etwa doppelt so alt, zum

Zeitpunkt unserer Ausreise 13, ein blondes Mädchen, das in meiner Erinnerung immer strahlend lächeln würde. Wenn sie sich im Sommer trockenen Sand ins Gesicht rieb aus der Sandkuhle und dann lachte und sagte, genau so sei es am Meer. Und die mich mitnahm in das kleine Kino am Rande unseres Bezirks. Wir sahen Filme mit Louis de Funès, mit Untertiteln, die ich nicht lesen konnte. Ich fühlte mich älter, als ich war, nahezu erwachsen in dem großen Kinosessel. Grażyna, die mir das Laufen beibrachte.

Das Laufen auf meiner Straße fiel mir noch als Sechsjährigem schwer. Mein linkes Bein war zu kurz geraten. Die Diagnose unmittelbar nach der Geburt: Fehllagerung in der Gebärmutter. Es bedurfte einer künstlichen Beinverlängerung. Das mißglückte Bein mußte ich schon als Kleinkind in Spitzfußstellung in eine Prothese aus Leder und Stahl stecken, damit mein Rückgrat beim Gehen gerade blieb. Jedes Jahr, des schnellen Wachstums des kindlichen Körpers wegen, gab es eine neue Prothese. Wenn die Hose beide Beine bedeckte, ich gerade stand und nicht etwa unbeholfen humpelte, erahnte niemand, daß in dem linken Schuh ein künstlicher Fuß steckte. Jedes Jahr mußte das Gehen neu erlernt werden, widerwillig in einem Fremdkörper.

Grażyna brach meinen Widerstand. Nachmittags, wenn sie aus der Schule kam, holte sie mich ab, zwang mich auf den Platz zwischen unseren Blöcken. Sie wohnte zwei Etagen unter uns. Die ersten Wochen mit meinem künstlichen Bein, während der Gewöhnungszeit, ging ich an ihrer Hand. Wir machten Pausen auf Bänken, die streng symmetrisch um den Platz herum angeordnet waren.

Einmal erzählte sie, als wir die Beine baumeln ließen, daß ein Junge sie geküßt habe, flüchtig auf die Wange, vor der Schule. Ein anderes Mal, als sie bereits wußte, daß wir auswandern würden, daß der Junge sie nicht mehr küsse und sie deshalb fest entschlossen sei, auch auszuwandern nach Deutschland, wo es wenigstens schicke Klamotten gäbe und Orangen, die trösteten. Und dann lachte sie so laut, daß Passanten auf uns blickten, und ich vergaß das beschwerliche Laufen, und sie vergaß den Jungen, der sie nicht mehr küßte.

Die Tür geht ruckartig auf. Der erste Gedanke: Sie hat sich nicht verändert. Die blonden, schulterlangen Haare, der kleine Mund, die wachen Augen. Grażyna stutzt, nach einer Weile: das vertraute Lachen, die zögerliche Frage, ob ich es sei.

Grażyna macht Kaffee, polnischen. Der gemahlene Kaffee wird ins Glas geschüttet und mit kochendem Wasser übergossen. Dann muß man ein wenig warten, bis die *fusy*, der Kaffeesatz, auf den Glasboden herabsinken. Man kann nicht sagen, daß der Kaffee schmeckt. Er schmeckt nie, aber er macht wach.

Dann schweigt sie eine Weile, nippt am Kaffee, sagt, daß ihr Bruder Janek vor wenigen Wochen verstarb. Und zwar in Deutschland. »Janek«, sagt sie, »den kennst du doch, der nahm dich auf seinem Moped mit, drehte Runden durch die Stadt.« Ich erinnere mich nicht.

Er sei überführt worden, er liege hier, drei Straßen weiter, auf dem Friedhof, sagt Grażyna. Wie so viele habe auch er es nicht mehr in Polen ausgehalten, sei geflohen, 1988, nach Bonn. Die Welt stand ihm offen, ein Meer von Möglichkeiten, der weite Westen. Janek schrieb Briefe, doch der Kontakt, sagt Grażyna, sei schnell abgebrochen: Heroin. Sie erzählt, daß sie hinfuhr, immer wieder, nach der Wende, mit ihrem Mann, daß sie ihn gesucht habe auf den Straßen der damaligen Bundeshauptstadt. Und ihn schließlich traf, am Rande des Bahnhofs, am sogenannten Bonner Loch, wo die Penner sitzen. Ganz kleine Pupillen habe er gehabt. Aber seltsam, sagt Grażyna, nicht wie die anderen Junkies habe er ausgesehen, nicht ausgemergelt, sondern aufgedunsen. »Er war immer so schlank.«

Entziehungskuren folgten, nichts half, dann vor kurzem: Überdosis. Mit vierzig.

Ich wohnte acht Jahre in Bonn, im Zentrum, ich werde ihn gesehen haben … »Und womöglich dich auch«, sage ich zu ihr. »Der Zufall«, erwidert Grażyna knapp, sie lächelt wieder, »hat uns verpaßt.«

Als meine Eltern den Aufbruch in den Westen beschlossen, saßen sie in der Küche. Rauchend. Vater wollte weg. Mutter sagte, während sie energisch eine Zigarette ausdrückte, so schlecht gehe es uns doch nicht.

So schlecht nicht, daß ein neues Leben zu wagen sei. Selbst das Auto, ein Fiat Polski, sei in greifbarer Nähe, bereits bezahlt, auf einer Auslieferungswarteliste, nur noch wenige Jahre, dann sei es soweit. Dann blickte sie aus dem Fenster auf unsere Straße. Vater sagte: »Willst du in den Schlangen stehen, ein Leben lang?«

Mit Lebensmittelmarken in der Hand stand Mutter, die Schneiderin, vor Geschäften. 1,5 Kilogramm Fleisch gab es für jeden Erwachsenen pro Monat, ein wenig Wodka, ein wenig Gemüse und Obst. Die Wirtschaft Polens drohte zu kollabieren.

Vater sagte, er habe Angst, schließlich sei er in der Solidarność, die Kommunisten würden bald wüten. Mutter erwiderte: »So viele in diesem Land sind in der Solidarność.« Wir würden das aushalten. Vater: »Der Junge wartet auf eine Operation. Das Bein. Die Krankenhäuser in Deutschland sind besser.«

Am Abend kam Mutter an mein Bett, zog die Decke zurecht, sagte: »Wir werden bald nie mehr in Schlangen stehen.«

Nur wenige Monate später, am Abend unserer Abreise, wurde mein Fahrrad an ein Nachbarskind übergeben. Auf meiner Straße. Es hatte nur ein Pedal für das gesunde, das rechte Bein. Das linke Pedal hatte mein Vater abmontiert, es wurde nun separat, in einer Stofftasche eingewickelt, übergeben. Dann fuhren wir in einem Taxi zum Bahnhof. Es war, damals äußerst selten, ein alter, weißer Mercedes. Vater saß mit mir auf der

Rückbank, sagte: »Siehst du, wir sind schon fast in Deutschland.«

Bereits in Gestalt von Onkel Ryszard hatte der Westen gelockt. Immer im Sommer stand sein Besuch an. Der Bruder meiner Mutter, damals Mitte Zwanzig, war vor uns nach Deutschland gezogen. Um seinen Ford Taunus, mit dem er aus dem unbekannten Land kam, scharten sich die Arbeiter der Elana, unsere Nachbarn. Sie inspizierten die mächtige Kühlerhaube, spuckten im Takt auf die Straße, sprachen über Zylinder und Umdrehungszahlen. Und immer wieder starrten sie ins Wageninnere. Onkel Ryszard öffnete den Kofferraum, schwere Kisten waren darin, die er in unsere Wohnung trug, an den Nachbarn vorbei. Er packte sie aus, beherzt, verstreute ihren Inhalt auf dem Teppichboden. Und machte Fotos. Mit einer Polaroid-Kamera. Auf der einzigen Farbfotografie, die mich in Polen zeigt, sitze ich auf dem Boden, umringt von bunt verpackter Schokolade, Südfrüchten und Waschpulverpackungen.

An meine polnische Kindheit denke ich in Schwarzweiß. Vermutlich liegt es an den vergilbten Fotografien, die ich mir in Deutschland anschaute und die meine Kindheitserinnerungen nach und nach entfärbten. Ich erinnere mich nicht an Freunde, außer an Grażyna. Kein Wettrennen um den Block mit Gleichaltrigen, dem ich hätte standhalten können. Ich erinnere mich an eingemachte Gurken auf dem Fensterbrett unserer Küche und an den Wodka meines Großvaters, schwarz gebrannt, verschlossen im Wohnzimmerschrank. Ich erinnere mich an die Päckchen aus dem Westen, die, sorgfältig vor den Blicken der Nachbarn und Freunde geschützt, unter dem Ehebett meiner Eltern lagerten: Kaffeepulver und Süßigkeiten, auch D-Mark-Scheine waren darin und Pullover und Jeans, die wir nur an Festtagen anzogen. Ich erinnere mich an den Zigarettenrauch abends in unserer Wohnung, wenn Nachbarn vorbeikamen und über die Kommunisten klagten, an ihre Stimmen, an das Murmeln, das mich langsam einschlafen ließ.

Grażyna schiebt den Kinderwagen. Wir setzen uns auf eine Bank zwischen den Blöcken, eingehüllt in Winterjacken. Sie blieb immer in dieser Straße, heiratete früh. Sie sagt, genau das, was sie habe, einen Mann, drei Kinder, diese Stadt, in der sie lebe, das sei doch ein großes Glück. Ihr Leben scheint so sanft gebettet wie der Schnee auf unserer Straße.

Die Polen hatten ihre kommunistischen Machthaber aus bürgerlicher Gesinnung heraus zermürbt: in Massenprotesten, mit dem Papst als heimlichem Anführer. In der Bundesrepublik, in der ich aufwuchs, im großstädtisch-studentischen Milieu der Post-68er-Emanzipation, wäre Grażyna vermutlich noch heute das Gegenbild von individuellem Glücksversprechen. Keine Beziehungsexperimente und kein rastloses Sehnen prägten ihr Leben, sondern frühe Seßhaftigkeit. Sie ist mir fremd geworden. Grażyna, nur wenige Stunden nach unserem Wiedersehen, hat sich vom Bild gelöst, das ich als Kind von ihr hatte. Vermutlich hätte ich auf irgendeine Klingel meines Hauses drücken können. Mit einer beliebigen 37jährigen Mutter auf der Bank meiner Straße sitzen können. Um über die letzten 25 Jahre zu sprechen. Nur daß nichts zerstört worden wäre. Es gibt Wiedersehen, die sind trauriger als jeder Abschied. Sie greifen die Bilder der Vergangenheit an, entwerten das, was wir mühsam konservierten: unsere verklärte Erinnerung.

Zum Abschied wird sich umarmt.

Der Zug brachte uns zunächst nach Friedland, ein deutsches Auffanglager an der Grenze. Es war überfüllt. Wir schliefen in einem Achtbettzimmer zusammen mit anderen Aussiedlern aus dem Ostblock. Es wurde gestempelt, es wurden deutsche Pässe ausgegeben und Begrüßungsgelder ausgehändigt. Große, bunte Scheine.

Wir standen in einer Schlange, warteten auf die Essensausgabe. Mutter sagte, halb scherzend, wir würden bald nie mehr in Schlangen stehen.

Vater mochte den Rhein, er hatte ihn auf Bildern gesehen. Wir zogen nach nur einer Woche an den westlichen Rand der Republik, nach Koblenz. Nur wenige Monate nach unserer Ankunft wurde ich operiert. Es gibt Tage, da sind sie mir wieder erinnerlich, die Bilder karger Krankenhausgänge, die fremde Sprache der Schwestern nur ein Geräusch, der beißende Geruch von Putzmitteln, mein kindlicher Blick aus dem Krankenbett, aus dem Fenster hinaus auf einen satten Rasen, auf blühende Bäume im Park, der das Klinikum wie ein Speckgürtel umgab. Meine Eltern brachten Schokolade. Vater sagte, bald wird alles besser. Auch das Gehen. Meine Straße lag in weiter Ferne.

2
DER DRITTE WEG

SOBALD ICH GEHEN KONNTE, wurde ich eingeschult. Schnell war mir die fremde Sprache nicht mehr nur ein Geräusch, hin und wieder blitzten im Wortschwall meiner Mitschüler Wörter auf, die ich verstand. »Pause« zum Beispiel. »Pause« war eines der ersten Wörter, die ich verstand, auch »Stillarbeit«. Bei »Stillarbeit« wußte ich, daß die Lehrerin eine »Pause« machte und in einer Illustrierten blätterte, während die Schüler sich selbst überlassen wurden. Und daß die Schüler wiederum, »Stillarbeit« vortäuschend, nichts anderes taten, als auf das »Läuten« der »Klingel« zu warten, bis sie selbst eine »Pause« hatten. Langsam ergaben die Wörter einen Sinn, bildeten Zusammenhänge.

Während des ersten Diktats meines Lebens hatte ich schweißnasse Hände, räusperte mich vor Erregung, wunderte mich, weshalb ein einziges Wort so häufig in dem diktierten Text vorkam: »Komma«. Ich fragte mich, »Komma« ausschreibend, was es zu bedeuten habe, nicht ahnend, daß es sich um ein Satzzeichen handelte.

Am Ende des ersten Schuljahres erhielt ich ein Zeugnis ohne Noten, mit einer schriftlichen Beurteilung. Frau Schmitt, die Klassenlehrerin, schrieb, ich sei ein »ausgeglichener Schüler«, allerdings werde ich »kaum von Kameraden verstanden«. Von Frau Schmitt wiederum, die eine dicke Hornbrille trug, wurde kolportiert, sie selbst sei nur mühsam zu verstehen. Sie stamme aus Niederbayern und sei, nachdem sie einen reichen Weinbauern geheiratet hatte, eher zufällig ins Rheinland geraten.

Mir schien, wir waren, meiner Lehrerin nicht unähnlich, nicht einfach hierhergezogen, sondern eine fremde Macht hätte uns von einem Erdteil auf einen anderen transplantiert. Über Nacht verschwanden die Insignien des Ostens: Mein Vater nahm sich seinen polnischen Schnurrbart ab, und Mutter trug Jeans statt bunter Röcke, die kleinen Kioske mit Plastiksoldaten wurden ersetzt durch Kaufhäuser mit Spielwarenabteilungen. Sie stellten die sozialistische Warenwelt in den Schatten.

Als gelte es, eine Wunde zu schließen, versorgten wir uns mit Konsumgütern. Das erste Auto, das Vater für 500 Mark von einem türkischen Gebrauchtwagenhändler erstand, war ein orangefarbener Ford Capri, der wie ein Sportwagen aussah, dessen Leistungsfähigkeit allerdings äußerst begrenzt war. Bereits leicht ansteigende Landstraßen meisterte er nur im zweiten Gang. Vater liebte ihn. Es war sein erstes Auto. Und von Autos hatte er in Polen oft gesprochen. Doch schon wenige Monate später mußte der Capri einem weitaus robusteren Nachfolger weichen: dem VW Passat in Dunkelgrün. Der Ford hatte nach einer Fahrt durch eine Waschstraße kein Lebenszeichen mehr von sich gegeben.

Ich saß auf dem Rücksitz, und das Autoradio wurde immer leiser, wurde übertönt von dem mächtigen Platzregen, der von allen Seiten auf die Karosserie prasselte. Wir überließen unser Schicksal einem Laufband, das uns durch das Hauptprogramm führte. Bunte Bürsten näherten sich bedrohlich, rotierend umzingelten sie das Blech, schäumten es ein. Nach der Waschstraßenfahrt wurde kurz inspiziert, ob noch alles dran war: Heckspoiler, Seitenspiegel und Radioantenne waren unversehrt, der Capri strahlte in sattem Orange, duftete nach frischer Wäsche – und sprang nicht mehr an. Zum erstenmal maschinell gereinigt, mußte er vom Waschstraßengelände abgeschleppt werden, mit dem Dreck war gleichsam sein Leben hinweggespült worden.

Und der Westen hatte Vater erstmals einen Makel offenbart. Bevor der Abschleppdienst kam, löste er fluchend das kleine Papstbild und die heilige Mutter Gottes vom Armaturenbrett und klebte bald darauf beides in den Passat.

Vater rühmte die deutsche Autobahn, den glatten Asphalt, das dichte Straßennetz, den ADAC. Er fragte sich eine Zeitlang, weshalb so viele Städte in Deutschland »Ausfahrt« hießen. Bis er die Schilder richtig deutete.

Es geschah oft, daß Vater nicht verstanden wurde. Er hatte sich ein eigentümliches Deutsch angeeignet, es folgte einer einsamen Grammatik. Deutsche Wörter beugte er mit polnischen Endungen. Man begriff sein Deutsch häufig nur, wenn man auch Polnisch verstand.

Er stritt in einem kleinen Geschäft, das Tabakwaren, Waffen und Schweizer Taschenmesser führte, mit zwei Verkäufern. Sehr lebhaft. Die Verkäufer zeigten ihm Messertaschen, doch Vater wollte ein Taschenmesser. Allerdings hatte er nach einer »Messertasche« gefragt. Mutter lachte, wozu auch ein Taschenmesser, lebten wir denn im Urwald?

Mutter wiederum schämte sich beim Metzger. Sie kochte gerne *flaki*, eine polnische Innereiensuppe. Kaufte sie die Kutteln, dann fühlte sie sich ertappt. Nur Polen kaufen in großen Mengen Kutteln ein, behauptete sie. Die Deutschen kauften sie nur, um sie an ihre Hunde zu verfüttern.

Später hieß es, die 80er Jahre seien das langweiligste Jahrzehnt dieses Jahrhunderts gewesen: ein Jahrzehnt, in dem Nicole ein bißchen vom Frieden sang und Boris Becker ein wenig Tennis spielte. Unsere Realität sah anders aus: Ein feiner Riß trennte die Vergangenheit von der Zukunft, Polen von Deutschland. Und das neue Land, Deutschland, funkelte in den ersten Monaten nach unserer Ankunft an jeder Straßenecke. Koblenz, die 100 000-Einwohner-Stadt am Rhein, schien ein einziges Lichtermeer aus Reklame, die stählernen Karosserien spiegelten sich im Licht der Straßenlaternen, die Geschäfte bargen glitzernde Süßwaren, die Bäckereien quollen über vor süßem Gebäck und Bienen, die in den Auslagen wild umherschwirrten, sich labend am Zucker. Alles schien größer und prächtiger als in der Vergangenheit, selbst die Bäckerinnen, die mit lachendem Gesicht und gespannter Schürze Rosinenschnekken über die Ladentheke reichten. Und die rosigen Metzgersfrauen schenkten den Kindern Fleischwurststücke, die diese mit kleinen und gierigen Händen ergriffen. Und was die Menschen an ihren Leibern trugen, die bunten Pullover, die engen Jeans in sattem Blau, die Digitaluhren der Männer, erinnerte mich an Gewänder, an den Samt und das Gold und die Seide aus Märchen, wenn das arme Mädchen, eine verkannte Prinzessin, am Ende einer abenteuerlichen Irrfahrt in den Königspalast zog.

Wir legten die schäbigen Klamotten ab, von jetzt auf gleich, wir wollten uns in der Masse einrichten: indem wir Levi's-Jeans trugen, Geburtstage statt Namenstage feierten, uns an Karneval verkleideten wie die Deutschen. Doch standen wir etwas verloren in der Koblenzer Altstadt, als Kamellen auf uns niederregneten. Es galt, die rheinische Theatralität nachzuahmen. Das war eine doppelte Inszenierungsanstrengung, da wir die Inszenierung der anderen zu kopieren suchten. Doch Vater rief den grell geschmückten Wagen und Funkenmariechen nur sehr verhalten ein Koblenzer »Helau!« entgegen.

Wie die meisten Immigranten aus Polen waren wir damit beschäftigt, nicht aufzufallen. Schließlich hatten wir kommen dürfen, wie all die Hunderttausenden anderer polnischen Aussiedler, da wir, so die Doktrin, deutscher Volksabstammung waren. Zu Hause sah es anders aus, zu Hause besuchten uns andere Aussiedler oder polnische Asylbewerber, kein deutsches Wort kam über ihre Lippen, und bis heute hat kaum ein Deutscher, der in diesem Land auch aufgewachsen ist, die Türschwelle meiner Eltern übertreten.

Derzeit wird heftig über Integration gestritten. Die einen beklagen einen vermeintlich naiven Multikulturalismus, der nun kläglich versagt habe. Mit strengen Aufnahmekriterien, Landeskundetests und Sprachkursen soll künftig der Entstehung von Parallelgesellschaften vorgebeugt werden. Und mit Genugtuung wird der Traum eines bunten Karnevals der Kulturen als Verblendung von Gutmenschen gegeißelt. Diese hätten fatalerweise das gebrochene Verhältnis der Deutschen zur Nation nur fortgepflanzt. Die sogenannten Multikulturalisten wiederum wittern eine ganz andere Realitätsverweigerung: Hatte man nicht über Jahrzehnte wider besseres Wissen geleugnet, daß Deutschland schleichend zum Einwanderungsland mutiert war?

Die Polen kommen in dieser Debatte kaum vor, denn sie haben integrationstechnisch einen dritten Weg gewählt. Weder haben sie sich integriert, noch kann man sagen, daß sie sich nicht integriert hätten. Sie haben sich einfach unsichtbar gemacht.

Nur zur Begriffsklärung: Nennen wir diejenigen, die aus blutsverwandtschaftlichen Rechtsgründen sogleich einen deutschen Paß bekamen, wie auch diejenigen, die im Kalten Krieg flohen, der Einfachheit halber: die Polen. Denn zumeist waren die Gründe für eine Ausreise identisch. Aussiedler hatten in den seltensten Fällen einen innigeren Bezug zu Deutschland als die Polen, die mit polnischem Paß geduldet wurden. Beide trieben das kommunistische Regime und Versorgungsengpässe aus dem Land.

Man sprach bei Aussiedlern von deutschen Minderheiten in Ostpreußen oder Schlesien, die endlich in ihr ersehntes Mutterland zurückgefunden hätten. Die Realität sah anders aus. Die meisten gingen, weil sie durften. In zweiter oder dritter Generation waren ihre deutschen Wurzeln bis zur Unkenntlichkeit verstümmelt. Sie sprachen polnisch, nicht deutsch; sie tranken Wodka, nicht Bier; sie gingen putzen und wurden selten Ingenieure. Sie waren Ausländer mit deutschem Paß.

Meine Eltern fanden Arbeit: Meine Mutter wurde Putzfrau, mein Vater arbeitete weiterhin als Maschinenbautechniker. Nur deutsche Freunde haben sie nicht gefunden, sie sind bis heute weder im Kegel- noch im Gesangsverein. Sie camouflierten ihre Herkunft, sie verkleideten sich (sehr verhalten: Vater mit Clownsnase, Mutter mit Kopfschmuck beim rheinischen Karneval), um ihre vermeintlich erfolgreiche Integration zur Schau zu stellen. Sie wollten dazugehören und gleichzeitig abseits bleiben.

Um nicht aufzufallen, lebten sie wie Chamäleons, die ihre Farbe dem Gestein anpassen, auf dem sie sitzen. Aus Angst, erkannt zu werden. Und manchmal scheint es mir, als sei dies bereits mehr, als man von Migranten erwarten kann.

Frage ich meinen Vater, weshalb er keine Deutschen kennt, sagt er, er hätte immer soviel arbeiten müssen, da habe man keine Zeit für soziale Experimente gehabt. Frage ich Mutter, dann sagt sie, sie hätte Angst gehabt, eine nur schwer zu beschreibende Scham, die ihr eigen ist. Früher in Polen, obgleich sie nur gebrochen Deutsch sprach, sei sie die »Hitlerowka« ihres Heimatortes gewesen, jetzt sei sie die Polin in Deutschland. Für immer. So sei das. Und das sei eigentlich sehr einfach.

Kürzlich kauften sich meine Eltern eine Wohnung an der masurischen Seenplatte, unweit der Dörfer, in denen sie aufwuchsen. Sie werden nach Polen zurückkehren. In ein paar Jahren, als Rentner. Vermutlich werden sie dann gegenüber ihren neuen Nachbarn verbergen, daß sie jemals in Deutschland gelebt haben. Und womöglich wird es kaum jemand merken. Die Verstellungskunst beherrschen sie meisterhaft.

3
DIE MAUER

ES WAR KURZ VOR DER WENDE, als ich es endlich geschafft hatte, meinen polnischen Akzent auszumerzen. Nur mein sperriger Nachname erinnerte meine pubertierenden Mitschüler daran, daß ich aus dem Land mit notorisch leeren Wursttheken und endlosen Schlangen vor winzigen Lebensmittelgeschäften stammte. Nichts, womit man als 14jähriger in einer rheinischen Provinzstadt für sich werben konnte.

Dann fiel die Mauer, und mein bärtiger Sozialkundelehrer machte mir das Leben schwer. Immer wieder zwinkerte er mir solidarisch zu, während er mit einem alten Time-Magazin wedelte. Es wurde von Lech Wałęsas zornigem Antlitz geschmückt: Man of the Year 1981. »Wir haben den Fall der Mauer den Polen zu verdanken«, trichterte er der Klasse ein, um jeglichen deutsch-patriotischen Überschwang im Keim zu ersticken. Der Mauerfall hatte mich wieder zum Polen gemacht.

Als mein Sozialkundelehrer beharrlich die Solidarność, Gorbatschow und die mutigen Ungarn lobte, zeigten Fernsehbilder glückstränenüberströmte Berliner, die sich mit Sekt bespritzten. So etwas bewegt natürlich. Doch gleichzeitig waren die Bilder irritierend. Seit acht Jahren war ich damit beschäftigt, meinen eigenen kleinen Mauerfall, meine Aussiedlung in den Westen hinzubekommen. Und ob ich nun aus meiner westdeutschen oder polnischen Perspektive auf die ostdeutsche Wende blickte – es war gleichermaßen befremdlich. Die DDR war auch aus polnischer Sicht ein vollkommen fremdes Terrain. Als die Danziger Werftarbeiter 1980 auf die Barrikaden gingen, da baute die DDR ihren zweiten antifaschistischen Schutzwall auf; die polnisch-ostdeutsche Grenze wurde hermetisch verriegelt. Sie schuf damit eine ungewollte westdeutsch-polnische Allianz. Noch kurz vor der Wende hingen im Westen Plakate des gläubigen Gewerkschaftsführers mit stramm-konservativer Gesinnung in links-alternativen Wohnzimmern. In großen Mengen wurden für die mutigen und hungrigen Polen Care-Pakete verschickt.

Nun waren wir es, sobald wir in Deutschland ankamen, die unsere Verwandten und Freunde mit Lebensmitteln versorgten. Mindestens zweimal im Jahr war auch polnischer Urlaub angesagt. Das war aufregend. Wegen des unbekannten Landes dazwischen, das nicht Deutschland, sondern DDR hieß. Zwei Transit-Autobahnen trennten uns in zumeist nächtlichen Fahrten von Polen. Eine zwischen Helmstedt und Berlin, die andere zwischen Berlin und Świecko. Ein dunkles Niemandsland. Schon der Beleuchtung wegen. Regelmäßig suchte meine Mutter auf dem Beifahrersitz nach hartgekochten Eiern und Stullen. Das war aus zwei Gründen schwierig. Einmal wegen der mächtigen, aneinandergereihten Betonplatten, die, durch abgründige Zwischenräume getrennt, eine ostdeutsche Fernstraße ergaben. »Die ist noch von Hitler«, sagte Vater dann immer, während sein Kopf heftig im Takt des Führers wackelte. Mutter suchte weiter. Doch war sie derart eingepreßt von Kaffeepäckchen, Waschpulvertrommeln und diversen Konservenbüchsen, daß sie die Speisen nie fand, die uns selbst versorgen sollten. »Kurwa«, rief sie dann in unserem Schwertransporter, zu dem sie unseren VW Passat kurz vor der Reise selbst verwandelt hatte.

Das Land dazwischen war mein Schwellenland. Zwischen Polen und Westdeutschland klaffte ein schwarzes Loch, das meine Kindheit vom Erwachsenendasein trennte. Die Schneise war vorgegeben, das Abzweigen verboten.

Die Verwandten, die wir mit westlichen Gaben segneten, hatten, gelinde gesagt, zur DDR ein eher nüchternes Verhältnis. Irgendwie hing es mit der Geschichte zusammen. Jahrhundertelang eingekesselt zwischen Preußen, Österreich und den russischen Zaren, dann zwischen Hitler und Stalin, hatten die Polen ein feines Rangsystem nationaler Antipathien entwickelt. Ganz unten rangierte mein Schwellenland, amalgamierte es doch die zwei Schreckgespenster der jüngeren polnischen Geschichte: Der nationalsozialistischen Herrschaft entwunden, mauserte sich die DDR innerhalb kürzester Zeit zum Musterknaben der sozialistischen Sowjetdoktrin.

Polen hingegen war ein eigenwilliger Satellitenstaat des Ostblocks. Weder die Kollektivierung der Landwirtschaft funktionierte reibungslos, noch konnte die polnische Staatspartei die Macht und die Folklore der katholischen Kirche begrenzen; 1980 ließen die wankelmütigen Kommunisten sogar kurzzeitig eine unabhängige Gewerkschaft zu – mit Streikrecht und Zugangsberechtigung zu den Massenmedien. Selbst nach der blutigen Zerschlagung der Solidarność zeigten die polnischen Machthaber in SED-Augen eine unverständliche Schwäche. Der Parteigeneral Wojciech Jaruzelski sah sich in den 80ern immer häufiger gezwungen, mit antikommunistischen Gruppierungen in einen staatszermürbenden Dialog zu treten; bis schließlich 1988 der Runde Tisch geboren wurde. Das sozialistische Regime hatte sich selbst aufgegeben. Als Monate später die Berliner Mauer fiel, da nahmen das die Polen eher beiläufig zur Kenntnis; hatten sie sie doch selbst seit acht Jahren schleichend abgetragen. Kurz vor dem Mauerfall stichelten sie sogar ein wenig, angesichts ihrer eigenen jahrzehntelangen Courage. Am 9. November war Helmut Kohl in Warschau. Noch am späten Nachmittag spottete Wałęsa über die Verzagtheit der Ostdeutschen.

Dann über die Westdeutschen: daß sie an eine Wiedervereinigung Deutschlands nicht glaubten. Wenige Stunden vor dem Mauerfall erwiderte Kohl: »Ich werde die Wiedervereinigung nicht mehr erleben. Sie, Wałęsa, sind einige Jahre jünger als ich – Sie könnten vielleicht noch ihr Zeuge werden.«

Im Wiedervereinigungstaumel haben die Deutschen die Polen dann bald aus den Augen verloren. Die Solidarność-Bewegung war in weite Ferne gerückt. Nur am Rande machten die Polen von sich reden: mit Ostblockkitsch am Potsdamer Platz oder Polenmärkten in den Grenzregionen.

Das Land meiner Kindheit hat sich die deutsche Medienpräsenz erst zurückerobern können, als Harald Schmidt seine Polen-Witze auspackte. Meine Familie und ich, wir wähnten uns mittlerweile so deutsch, daß wir über die Polen lachten. Schmidt grinste in die Kamera: »Was kommt dabei raus, wenn man einen Ossi und einen Polen miteinander kreuzt? Einer, der zu faul zum Klauen ist.«

Es war einer der letzten Kalauer über Polen in der *Late-Night-Show*. Mittlerweile wurde nur noch mäßig gelacht. Vielleicht, weil die Wirtschaft der Autoklauer Ende der 90er Jahre boomte, während der Osten Deutschlands stagnierte. Wer heute durch Warschau mit seinen gläsernen Hotelpalästen rund um den stalinistischen Kulturpalast schlendert, der versteht, warum die Schmidtschen Pointen nicht mehr recht zünden.

Auch von Polen aus betrachtet, büßt Deutschland seit 16 Jahren schleichend an Glanz ein. Einst hatten sich die Care-Pakete, die wir in nächtlichen Überfahrten durch ein dunkles Land manövrierten, tief in das polnische Gedächtnis gebrannt. Während die BRD mit ihrer magischen Warenwelt das Ziel der Polen auf dem Weg zu Wohlstand und Demokratie markierte, war der Schurkenstaat DDR ein dankbarer Blitzableiter. Das ist vorbei und wohl ein Grund für das diffuse Mißtrauen gegenüber dem wiedervereinigten Nachbarn, der jenseits der Oder zunehmend als ein gefährlicher Revanchist wahrgenommen wird. Manchmal scheint es, als sei das Bekenntnis des französischen Schriftstellers François Mauriac für die Polen aktueller denn je: »Ich liebe Deutschland so sehr, daß ich glücklich bin, zwei davon zu haben.«

Polen wiederum hat den Westdeutschen über lange Zeit ein komplementäres Bild ihrer selbst geliefert: verlottert statt solide, arm statt reich, schmutzig statt sauber, patriotisch statt selbstzerknirscht. Und die polnische Sprache, die ich in Deutschland tilgte, erklang wie ein ferner Traum, sobald wir in Polen ankamen, mit Paketen aus dem Westen.

Ein Zeitsprung, als der Passat in Biskupiec einfuhr, einem kleinen Dorf an der masurischen Seenplatte, wo die Verwandtschaft meines Vaters wohnte. Die Straßen nicht asphaltiert, das Wasser aus Pumpen, die in unregelmäßigen Abständen die Dorfstraße säumten, die

Frauen, mit 45 Jahren bereits gealtert, in bunten Schürzen, die Männer mit löchrigen Anzügen. Vor den Häusern standen Holzschuppen, von Fliegen umschwirrt: Aborte. An den Häuserwänden lehnten Betrunkene, wankend, mit geröteten Augen. Großmutter Maria nahm in ihrer kleinen Küche eine Gans aus, es roch nach Tier, sie umarmte uns mit blutigen, großen Händen und lachte. Großvater Leon mästete derweil die Schweine. Und nun war es unser Auto, das die Männer des Ortes inspizierten und auf dessen Kühlerhaube sie anerkennend klopften. Vater rannte durch das Dorf und nahm es auf, mit einer neu erstandenen Videokamera, die Gegenwart konservierend. Er wurde mißtrauisch beäugt.

Ein jeder Sommer in Polen wurde mir fremder. Durch die ewige Wiederholung der gleichen Prozedur auch mythisch entrückt: durch die Gans, die ausgenommen wurde, das Mästen der Schweine, den Wodka, der die Runde um den kleinen Wohnzimmertisch machte, die staubigen Straßen. Und die Sprache, derer ich nur mehr mit deutschem Akzent mächtig war, wurde zu einem irritierenden Fremdkörper. Es gab eine Zeit, in der ich nach deutschen Wörtern in Deutschland und polnischen Wörtern in Polen suchte.

Nach der Wende wurden meine Besuche in Polen seltener. Großvater Leon starb an einem Schlaganfall, noch bevor die Kommunisten verschwanden, Großmutter an einem Herzinfarkt kurz darauf. Ich blieb zumeist bei Freunden in Koblenz, statt mit meinen Eltern nach

Polen zu reisen. Ein Land, das mir lästig war, das, einer Narbe gleich, mir meine Verpflanzung, meine abgeschüttelte Kindheit vor Augen hielt. Erst Jahre später fuhr ich wieder nach Polen, alleine, der Erinnerung wegen.

4

DIE PUTZFRAUEN

ANGEKOMMEN IN KOBLENZ, begannen meine Eltern zu putzen. Einem Klischee zufolge ist Deutschland ja ein ungeheuer sauberes Land. Einem zweiten Klischee zufolge wird es fast ausschließlich von Polinnen saubergehalten. Das zweite Klischee stimmt. Ich habe es am eigenen Leibe erfahren, denn ich bin der Sohn einer polnischen Putzfrau, der Neffe putzender polnischer Tanten. Die ersten Schritte im ersehnten Wirtschaftswunderland wurden von polnischen Frauen auf Knien gemacht: Sie wischten und polierten, sie drangen mit ihren Händen in die dunklen, in die dreckigen Ecken der Republik. Dem Armenhaus Polens entkommen, putzten sich Polinnen einen tief ersehnten Wohlstand herbei.

Seit unserer Ankunft ist Koblenz ein gutes Stück sauberer geworden, denn seither rückt meine Mutter mit Putzlappen, Glasreinigern und Wischmops der rheinischen Provinzstadt zu Leibe: »Gerade in den ersten Jahren habe ich geputzt bis zum Umfallen. Es gab Zeiten, da hatte ich drei Putzstellen – auf einmal.« Morgens um halb fünf bohnerte und wienerte sie den Boden eines bekannten Papiertaschentuchherstellers. »Bis die letzte Ecke glänzte«, sagt sie nicht ohne Stolz. Dann eilte sie »im Galopp« nach Hause, um »euch Kinder zur Schule fertig zu machen«. Auf dem frühmorgendlichen Nachhauseweg, so gegen sieben, ging sie zusammen mit zehn anderen Putzfrauen durchs Kreuzchen. Kreuzchen, eine Wohnblocksiedlung aus den Sechzigern in Koblenz-Neuendorf, ist das Synonym für jene »Parallelgesellschaft«, von der zur Zeit so gerne die Rede ist. Türken basteln bis spät in die Nacht an tiefergelegten Golfs, rußlanddeutsche Halbstarke in Jogginganzügen spucken im Takt auf kotige Gehsteige, verwaiste Einkaufswagen hängen in den Büschen.

Die Putzkolonne passierte allmorgendlich ein Schwerbehindertenwohnheim. Die Mongoloiden riefen ihnen frühmorgens im Chor entgegen: »Die Putzfrauen sind da! Die Putzfrauen sind da!« Sie preßten ihre Köpfe durch die Gitterstäbe des Eisenzauns.

Zu Hause, am Rande des Kreuzchens, angekommen, wurden mein Ranzen und der meines Bruders mit Pausenstullen gefüllt. Wir gingen zur Grundschule, meine Mutter ging zu den Wagners. Ein guter Job: von neun bis 13 Uhr. »Er war Rechtsanwalt und erfolgreich. Sie Lehrerin. Zum Putzen hatten sie keine Zeit.« Zum Bügeln auch nicht, weder zum Spülen noch zum Kochen. Als es dampfte und brodelte, die Wäsche in der Maschine rotierte und das Bad in aseptischem Glanz erstrahlte, kehrte eine zumeist gutgelaunte Pädagogin in ihr von Allzweckreiniger- und Küchengeruch erfülltes Eigenheim zurück. »Auftischen mußte sie noch selbst. Denn ich rannte wieder nach Hause«, sagt Mutter mit einem rollenden R: »Ich rrrannte wieder im Galopp.« Nachmittags dampfte und brodelte es in ihrer eigenen Wohnung. Bis abends Vater, der Maschinenbautechniker, verschwitzt ins Wohnzimmer trat. Um zu essen, manchmal Piroggen, manchmal Borschtsch, um zu duschen, um uns Söhne vor den Fernseher oder unsere Hausaufgaben zu setzen; und um sich gegen acht mit seiner Frau zur dritten Putzstelle auf den Weg zu machen: einem Friseursalon. Während unsere Eltern putzten, wurde ich mit meinem Bruder vom öffentlich-rechtlichen Fernsehen prächtig versorgt: *Ein Colt für alle Fälle*. Lee Majors raste Verbrechern hinterher, und im Abspann lief *The Unknown Stuntman*: »I might fall from a tall building, I might roll a brand-new car, 'cause I'm the unknown stuntman that made Redford such a star.«

Meine Eltern liefen in Deutschland einem ehrwürdigen Traum der Aufklärung hinterher. Durch Leistung, nicht durch die Macht der Geburt, galt es, eine kapitalistische Identität zu stiften, die aus dem gesellschaftlichen Nichts entsprang und zur höchsten Anerkennung vordrang. Durch Fleiß, durch Arbeitskraft, durch drei Putzstellen an einem Tag wollte man es ihnen zeigen. Wollte man es allen zeigen. Denen, die der

Wohlfahrtsstaat leidlich verpflegte; denen, die sich auf einem bundesrepublikanischen Erbe ausruhten; denen, die sich entspannten auf dem bisher Erreichten. Der Putzfrauenstolz, dessen man sich bei Besuchen in der alten Heimat schämte und den man dort sorgsam verbarg, entsprang der Entbehrung, dem Geiz, der Genußangst. »Wir gehen nicht wie die Deutschen essen und verprassen an einem Abend fünfzig Mark«, trichterte mein Vater mir ein. Immer wieder. Noch heute kennt er, wie die meisten polnischen Immigranten, keine Deutschen. Weil er jede Eckkneipe verschmäht. Noch heute kennen die Polen nicht diejenigen, denen sie es zeigen wollten.

Es ist Sonntag abend. Novemberregen. Mein Vater steht hinter meiner Mutter in der Küche. Er schlürft gemächlich einen Kaffee. Seine Füße stecken in dicken Puschen. Ein kleiner Bauch zeugt von gemütlichen Bieren vor dem Flachbildschirm-Fernseher, den er beiläufig ins Visier nimmt. »Ich habe ja Abitur«, sagt er etwas abwesend. Immer habe er sich gesagt, er sei der einzige Mann mit Abitur in diesem Land, der putze. Seine Frau legt kurz die faltigen Hände übereinander. Hände, die seit fast 24 Jahren unzählige Eimer mit Reinigungsmittel trugen, die energisch Putzlappen auswrangen und die tagaus, tagein tief in fremde Kloschüsseln drangen. Sie ist 56 Jahre alt und hat noch immer ein junges, ein mädchenhaftes Gesicht. Wären da nicht die Greisenhände. »Von dem scharfen Zeug«, sagt sie. »Aber ich habe Glück gehabt.« Die meisten hätten, erklärt sie, indem sie auf ihr linkes Handgelenk zeigt, irgendwann chronische Sehnenscheidenentzündungen. Vom Auswringen. »Die polnische Putzfrau erkennt man an ihren Operationsnarben.« Sie selbst kann seit kurzem nur noch wenige Stunden in der Woche putzen. Abends im Friseursalon, übermüdet von einem endlosen Tag, ist sie auf dem feuchten Fußboden ausgerutscht. Bandscheibenvorfall. Karriereknick. Dennoch ist vieles einfacher geworden. »Die Arbeit ist nicht mehr so körperlich.« Dank elektronischer Hochdruckbohnermaschinen werden die Gelenke geschont, sogenannte Multisauger sprühen, waschen und saugen neuerdings in einem Arbeitsgang.

Die Wohnung meiner Eltern ist blank poliert; als beschäftigten sie selbst eine Putzkolonne. Die Möbel, helle Kiefer, erwecken den Anschein, als seien sie erst in allerjüngster Zeit sorgsam aus einem Einrichtungshaus erworben worden. Keine Fernsehzeitung liegt auf dem Sofatisch, kein Kissen stört die akkurate Symmetrie der weißen Couchgruppe; Ordnung ist hier das ganze Leben. Mutter steht langsam auf, wendet mir in der Küche den Rücken zu. »Ein Knopfdruck genügt heutzutage«, sagt sie, als eine chromfarbene Espressomaschine unvermittelt mit einem surrenden Geräusch heißen Kaffee spendet. »Am Anfang, da hab ich mich geschämt. Am Anfang, als wir in ein kleines Sechsparteienhaus zogen, da habe ich das Putzen verheimlicht. Es war ja so: In

Polen als Polin zu putzen, das war der letzte Dreck. So wie es der letzte Dreck ist, wenn Deutsche in Deutschland putzen. Ich habe das auch in Polen verheimlicht. Wir wurden ja ein bißchen reich durch das Putzen, und die Polen hatten damals in ihrem Land nichts zu essen. Aber wenn ich zu Besuch war, hab ich nichts gesagt. In Deutschland hat man sich dann schnell daran gewöhnt, kam ja viel Geld in die Kasse. Aber ich hab auch hier immer geguckt, daß mich keiner sieht. Ich hatte mal eine Putzstelle in der Löhrstraße, in der Fußgängerzone, mitten in der Stadt. In einem Schuhladen. Die Leute, die gingen zur Arbeit, und gerade Montag morgens, da war dann vor dem Laden die Kotze und manchmal dann Hundescheiße und manchmal beides. Und einmal war ich das am Wegmachen, als die Mutter von einem Schulfreund deines Bruders vorbeikam. Die hat mich dann gesehen.«

Daß Frauen putzen gingen, meine Mutter, meine Tanten, die Freundinnen meiner Eltern, das war so selbstverständlich wie unhinterfragbar. Erst jetzt erfahre ich von der Scham, die sorgsam unter den Teppich gekehrt wurde. Seitdem ich sechs war, dem Zeitpunkt unserer Aussiedlung, habe ich viele Jahre lang nur Frauen kennengelernt, die mit Putzen Geld verdienten. Nur einmal habe ich eine erwähnenswerte Putzkrise miterlebt, die ans Eingemachte ging. Meine Tante, eine großgewachsene, robuste und eher affektkontrollierte Persönlichkeit, stürzte völlig aufgelöst in unser Wohnzimmer. Die

Scham hatte sie überwältigt. Meine Mutter hatte ihr eine private Putzstelle vermittelt, die sie als erniedrigend empfand. Es hing mit einem Schlüpfer zusammen. Sie sollte ihn, das kostbare und empfindliche Stück ihrer Arbeitgeberin, mit den Händen waschen. »So weit bin ich schon runtergekommen«, platzte es aus ihr heraus, »daß ich die Reizwäsche der Deutschen mit meinen bloßen Händen wasche.« Sie kündigte.

Mutter kehrt mit einer schlichten weißen Espressotasse zurück. Sie dampft. »Nicht, daß mir das jetzt jemand übelnimmt, aber die deutschen Putzfrauen hier, die können meistens nicht putzen. Die machen zu viele Pausen und sind ...« Sie hält kurz inne. »Na ja, halt Gesocks. Kaum ein wirklicher Mensch. Asoziale. Weiber ohne Kultur. Richtige Assi-Weiber. Einmal habe ich in einer Grundschule geputzt. Ich habe um sieben Uhr angefangen. Da hatten die schon alles unter sich aufgeteilt, haben schön die Klassenräume gesaugt, und ich mußte dann an die Klos ran. Fünfzehn Stück. Da hatte ich mich mit denen dann in der Wolle.« Manche polnischen Putzfrauen, sagt meine Mutter, seien naiv gewesen, Traumtänzerinnen. Wie Agata, ihre alte Freundin. Sie hat sich auf Privathaushalte spezialisiert. Ich soll da mal kurz hingehen, Agata wohnt nur einen Block weiter.

Agata ist füllig, hat schwarzes lichtes Haar. Ich habe sie ein paarmal gesehen, während der Geburtstagsfeiern meiner Eltern. Mit einer Miene, die keine Widerworte duldet, wird mir zügig Bier eingeschenkt. »Immer, eigentlich noch jetzt, dachte ich, ich werde reich, so richtig reich«, erzählt die 40jährige hastig und nimmt einen großen Schluck. »So wie man immer in Amerika sagt: ›vom Tellerwäscher zum Millionär‹. Ich habe bei den alten Omas geputzt. Einsam waren die, hatten Katzen oder Hunde und Kinder, die sie nicht besuchten. Ich habe gedacht, du putzt und redest mit denen und machst alles, und am Ende bekommst du dann das Erbe.« Sie lacht schallend. »So naiv ist das doch gar nicht. Von so Geschichten liest man doch in der Zeitung.« Einmal, da ging ihre erbschleichende Strategie so weit, daß sie auch die Leichenwäsche übernahm. »Ich dachte, wenn die Alte mir nichts gibt, dann vielleicht die Kinder vom Erbe. Zumindest ein bißchen. Ich habe die Alte dann gewaschen. Am Ende durfte ich mir dann dafür was von den Klamotten aussuchen. Altes Zeug. Altes Zeug hatte ich auch in Polen.« Wo sie denn in Polen gearbeitet habe, möchte ich wissen. Sie stutzt. »Na, ganz normal, die ganzen Putzfrauen haben ganz normale Stellen gehabt, mit Ausbildung. Ich hatte ein kleines Lebensmittelgeschäft, Magda war in der Bank als Angestellte; und deine Mutter, weißt du doch, die war Schneiderin in einer Fabrik.«

Unter den polnischen Putzfrauen meiner Jugend herrschte eine scharfe Konkurrenz. Des polnischen Stolzes, des gesellschaftlichen Ansehens entkleidet, kompensierten sie ihre erniedrigende Tätigkeit mit Konsumgütern, die sie sich in Polen nicht leisten konnten. Sie setzten sich einerseits von den Deutschen ab, die sie um ihren, aus dem bundesrepublikanischen Wirtschaftswunder gespeisten, Reichtum beneideten. Andererseits neideten sie den konkurrierenden Putzfrauen ihre Wohnungen, die mit noch moderneren Einbauküchen, mit VHS-Videorecordern und Laminatböden ausstaffiert waren. Putzen schuf eine gesellschaftliche Ordnung, die das biographische Chaos, das mit jeder Immigration verbunden war, zu heilen versprach. Mit jeder neuen, immer besser bezahlten Putzstelle und mit jeder neuen, schnittigeren Karosse, die man sich per Ratenzahlung leistete, wurde für kurze Zeit das letztlich vergebliche Begehren gestillt, irgendwann in der Bundesrepublik anzukommen.

»Niemals hätte ich geglaubt«, sagt meine Mutter, »daß ich in Deutschland putzen würde.« Ihre Schwester, Agata und Magda pflichten ihr bei. Der Grund für ihre Putzbiographien ist schlicht. »Viele haben geputzt wegen der Kinder«, fährt sie fort. »Die meisten aus unserer Generation kamen mit kleinen Kindern. In Polen gab es Krippen und Ganztagskindergärten mit Mittagessen. Viele, die hierherkamen, wußten nicht, was sie mit den Kindern machen sollten. Ein paar Stunden putzen am Tag, das ging.«

Anders als die USA, anders als Frankreich, die skandinavischen Länder, Polen und die DDR hielt Westdeutschland an einem nostalgisch-pietistischen Mutterbild fest: an einer Mutter, die möglichst lange und allumfassend mit ihren Kindern eine symbiotische Einheit zu bilden habe. Arbeiten und gleichzeitig Kinder aufziehen, so der Tenor, das war Verrat am Nachwuchs. Die sogenannte Kindergarten-Pisa-Studie der OECD kam zu dem Ergebnis, daß – man muß die Zahl auf sich wirken lassen – genau für 2,7 Prozent aller westdeutschen Kleinkinder Hortplätze zur Verfügung stehen. Das anachronistische Mutterbild der Deutschen gebar somit die »polnische Putzfrau«, denn ironischerweise fing ausgerechnet sie das Fehlen westdeutscher Betreuungseinrichtungen auf. So schön schließen sich manchmal die Kreise.

»Es gibt heute nicht mehr viele Polen, die putzen«, erzählt Agata. »Ich habe zwar von den polnischen Pendlerinnen gehört, die täglich nach Berlin kommen, um die Hauptstadt zu putzen, aber das sind doch nur noch die Reste. Die Polen sind ja auch reich geworden.« Sie blickt in ihr leeres Bierglas. Flink nimmt sie zwei weitere Warsteiner aus dem Kühlschrank. Mit einem kleinen schwarzen Feuerzeug hebelt sie die goldenen Kronkorken vom Flaschenhals. »Es sind jetzt die Russinnen«, sagt sie mit leisem Schmunzeln. »Die letzte Aussiedlungswelle, die kam weiter aus dem Osten. Viele haben aber noch die Polinnen im Kopf, wenn es ums Putzen geht.« Die »polnische Putzfrau« ist nur noch ein Mythos: die Wiederkehr des fast Immergleichen, eine alte Melodie in immer neuen Variationen. Ich habe sie gehört, seit ich sechs war.

Die »polnische Putzfrau« ist fester Teil des Niedlichkeitsrepertoires, das man seit je den Polen entgegenbrachte. Putzig, wie die Polen zu viert im vollgepackten Fiat Polski zur Weinernte tuckerten; regelrecht süß, wie sie durch kleine Gaunereien an Touristen im eigenen Land über die Runden kamen (und ein Jahr später dann plötzlich mit einem Audi 80 zur rheinischen Weinernte gelangten). Man konnte lange Zeit mit dem Bild des verlotterten Polen mit mächtigem Oberlippenbart – wie Harald Schmidt in seiner *Late-Night-Show* – brillante Fernsehquoten erzielen; ein wenig Sympathie verschmolz mit einer wohlwollenden Herablassung.

Seltsamerweise – ich beobachte diese Entwicklung mit wachsendem Erstaunen – klingt der Topos vom niedlichen Polen in jüngerer Zeit etwas ab: wie ein angefaultes Klischee. Denn Deutsche und Polen kommen sich in den letzten Jahren interessanterweise sehr nahe. Während jenseits der Oder das Wirtschaftswachstum seit 16 Jahren nahezu ungebrochen anhält, schmilzt hierzulande der Wohlstand weg wie ein buntes Speiseeis in der Sonne. Die Polen stolz belächeln – mir scheint, man kann es hierzulande nur noch gequält; man ist ja bald selbst schon der Pole. Der Kreis droht sich zu schließen. Es gibt neuerdings Tage, da belächle ich Deutschland. Wohlwollend.

Doch noch lebt der Mythos von der polnischen Putzfrau. Noch fügt er sich in ein ostalgisch verklärtes, liebevoll gehegtes Polenklischee. Mit dem Putzlappen in der Hand verkörpert die polnische Putzfrau etwas angenehm Anachronistisches, erinnert sie doch an das verblaßte Bild der deutschen Trümmerfrau; an eine, die – so will es ja die Erinnerung an das einstmalige Wirtschaftswunder der Deutschen – noch so richtig zupacken konnte; die mit ihren bloßen Händen Backsteine in Goldklumpen verwandelte. Unverwüstlich.

Darauf angesprochen, lacht Agata beschwipst. Wir stehen an der Türschwelle. Sie gibt mir zum Abschied die Hand. Über das Treppengeländer gelehnt, ruft sie mir noch scherzhaft eine Antwort hinterher: »Ja, ja, die Ärmel hochkrempeln. Das hat noch keinem geschadet.« Ein wenig zu laut.

5
IN WARSCHAU

DIE REISE HAT BEGONNEN. Von Berlin aus hatte ich einen Easyjet-Flug nach Krakau genommen. Doch nur zwei Tage später fuhr ich nach Warschau. Ich würde später in die südliche Metropole wiederkehren.

Warschau zog mich an, da ich die Hauptstadt bisher kaum kannte. Als Kind war ich nur einmal dort gewesen, als meine Eltern bürokratische Angelegenheiten zu erledigen hatten, die mit der Ausreise in den Westen zusammenhingen. Es galt, wie ich später erfuhr, einen Beamten zu bestechen. Mir war Warschau nur als undurchdringlicher Moloch bekannt, meine Eltern sprachen, ihre Hauptstadt vor Augen, vage von der Sünde, die dort beheimatet sei, und davon, daß die Kommunisten in Warschau prächtige Paläste bauten und daß es dort sogar Rolltreppen gebe. Es sei die einzige Stadt im gesamten Polen, hieß es damals, die über Rolltreppen verfügte, das Versprechen der Moderne: im Bahnhof Warszawa Centralna.

Dort fährt mein Zug nun unterirdisch ein. Bereits am

ersten Tag lerne ich eine Grundregel der Stadt kennen: Vor dem Bahnhof Warszawa Centralna warten zwei Sorten von Taxifahrern. Es gibt die guten Taxifahrer, und es gibt die bösen Taxifahrer. Die guten Taxifahrer halten einem schwungvoll die Mitsubishitür auf – natürlich die der hinteren Sitzreihe, etwa wie in L. A. –, und manövrieren einen durch die Stadt, als gefährde man hochschwanger die Kunstledergarnitur. Nebenher faseln sie etwas durch ihren mächtigen Lech-Wałęsa-Schnurrbart, zeigen auf das Hotel Marriot, ein gläsernes Hochhaus im Zentrum, das fast den stalinistischen Kulturpalast überragt, und noch bevor sie ihr Klagelied über die polnische Mafia, die Warschauer Preise und die EU abgesungen haben, erreicht man zwar ein wenig zerdellt, aber doch recht glücklich sein Ziel.

Die bösen Taxifahrer machen eigentlich genau dasselbe. Deswegen sind die bösen Taxifahrer auch so schlecht von den guten Taxifahrern zu unterscheiden. Doch die bösen Taxifahrer – das erklärte mir später die grazile Dame vom Polizeipräsidium, während sie ihre Zigarette ausdrückte – sind nur verkleidete Taxifahrer. Ihre Schnurrbärte sind nur angeklebt, und sie fahren den einsamen Passagier nachts außerplanmäßig zum Jüdischen Friedhof oder zum Park Józefa Piłsudskiego. Sie zücken dann so eine alberne, kleine Goldfinger-Damenwaffe, und man selbst zückt behende seine Brieftasche. Nach einem prüfenden Blick in Geldscheine, Kreditkarten und Ausweise bitten die bösen Taxifahrer einen schließlich gelangweilt darum, ihr Taxi zu verlassen. Wer geistesgegenwärtig ist, merkt sich natürlich das Kennzeichen des davonrasenden Autos; am nächsten Tag erfährt man leider, daß der Wagen irgendwann als vermißt gemeldet wurde. Wer Glück hat, dem kleben noch ein paar silberne Złoty in der Hosentasche, um die Bankkarten an der nächsten Telefonzelle zu sperren. Und wer Mut hat, der kann vom letzten Geld in ein neues Taxi steigen und beten, daß der Schnurrbart diesmal echt ist.

Ich habe weder Glück noch Mut und wanke durch leere Straßen in mein Hotel. Am nächsten Morgen zeige ich den Diebstahl an. Mein Hotel heißt Hotel Europejski, es ist eines der wenigen Gebäude, die den Zweiten Weltkrieg überlebt haben, und selbst die zittrigen Portiers, die einem sehr langsam die Tür öffnen, scheinen der Vorkriegszeit zu entstammen. Sie lächeln sehr milde, als sie mich durchnäßt und fluchend hereinlassen.

Auf meinem Bettkissen liegt ein kleines Schokoladenstück. »Zur Begrüßung« steht auf der gold-roten Verpackung, und ich nehme es als verhaltene Entschuldigung der Stadt an, lege mich ins Bett, träume von Männern mit Schnurrbärten, schlafe unruhig und werde am nächsten Morgen von einer Putzfrau geweckt, die ohne Klopfzeichen eingetreten ist, mich erschrocken im Bett erblickt und sogleich wieder kehrt macht.

»Vielleicht arbeiten die bösen Taxifahrer für die Mafia«, sagt die Polizistin und blickt kurz aus dem verstaubten Fenster, über künstliche Blumen auf dem Fensterbrett hinweg. Sie raucht eine dünne Damenzigarette, die in Polen eigentlich jede Frau raucht, eine Vogue Superslims. Wahrscheinlich arbeiten die Taxifahrer, fährt die Polizistin fort, für eine der zwei Banden, deren Namen wie billige Wodkasorten klingen: für die Mafia Pruszkowska oder die Mafia Wołomińska. Rauchend tippt sie den Bericht mit zwei Fingern in die Tastatur, mit harten Anschlägen, als sei ihr Computer eine alte Schreibmaschine, blickt kurz zu mir hoch, streng und gleichgültig zugleich, reicht mir den Ausdruck zur Unterschrift und sagt zum Abschied: »Fertig.«

Im falschen Wałęsa-Schnurrbart der bösen Taxifahrer findet die ganze Stadt ihr Abbild. Denn nichts liebt Warschau mehr als die perfekte Kopie. In auratischer Urform wiederholt es den verblaßten Mythos des kapitalistischen Westens. Sie meißelt die Welt als schillernde Lüge in Stein. Rund um den Hauptbahnhof, dessen Bahnsteige in unterirdischen Katakomben vom stalinistischen Erbe zeugen, verpraßt die *upper class* ihr frisch ergaunertes Vermögen in phallischen Träumen aus Glas. Ich betrete die Wolkenkratzer-Hotelbars des Intercontinental und des Marriott. Dort konfrontieren die neuen Superreichen der Hauptstadt das einstige Armenhaus Europas mit ungewohnten Fragen: »Co się stało z białym burgundem?« (»Was ist bloß los mit dem Weißburgunder?«) Mit dieser neuen Titelschlagzeile des *wino* in der Hand wartet eine junge Polin enerviert auf ihren Gatten in der Hotellounge. Sie nippt ungeduldig an einer kleinen, bauchigen Lavazza-Espresso-Tasse. Derweil überfliegen ihre Blicke stirnrunzelnd toskanische Weingärten und Flaschenetiketten, die von himmlischen Jahrgängen zeugen. Eher zufällig, so scheint es, mag sie an die Millionen ihres neuen Mannes geraten sein, der ihr plötzlich seine Hand reicht. Wie aus dem Nichts.

»Polnische Millionäre« – das klingt nach wie vor wie ein billiger Treppenwitz, wie ein Kalauer über ein Land, das sich jahrzehntelang durch Mangelwirtschaft auszeichnete. Als meine Eltern 1981 den imaginären Würsten und der schlechten Butter entflohen, da konnten sie nicht ahnen, daß die Zurückgebliebenen später ihr eigenes, rauschendes Wirtschaftswunder erleben würden. Damals zogen wir mit drei Koffern und hilfloser Entschlossenheit in das Land unserer Träume. Wegen meines zu kurz geratenen Beines, wegen des drohenden Kriegszustandes, aber auch, um die polnischen Krówki-Bonbons zu vergessen. Krówki (Kühlein) waren Paradontose-Bomben, die sich – trotz ihres derzeitigen Retro-Kultstatus – selbst in größter Hungerszeit nur mit planwirtschaftlicher Gewalt auf dem Markt halten konnten. Nur aus der Ferne erinnerte die vergilbte Kuh der Bonbonverpackung als gebrochenes

Glücksversprechen an Milka, ihre strahlende Schwester aus dem Westen.

Nachts, wenn unsere neuen, neiderfüllten Nachbarn im Sechs-Parteien-Haus schliefen, in Koblenz-Neuendorf, schleppten meine Eltern üppige Einkäufe schleichend durch den Hausflur in die Küche. Jede Nacht ein Weihnachtsfest. Das schönste: jene heilige Nacht, als eine nagelneue Friteuse unseren Reichtum besiegelte – und sogleich begann, mein sensibles Geruchsorgan dampfend zu zerstören. Meine Eltern hatten Pommes entdeckt, in den 80ern der Deutschen Lieblingsgericht. Und die Polen, die in Polen blieben, haben die Fritten verpaßt und uns doch über Nacht eingeholt: die Rache der Wartenden.

Warschau ist heute eine Braut, die sich erregt zu Tode tanzt. In Windeseile entschlüpfte sie dem sozialistischen Trauerkleid und vermählte sich mit den westlichen Bildern des Konsumrauschs. Wohl nur, um sie noch glamouröser in Szene zu setzen. Und vulgärer. Die prolligen Aufsteiger, denen der Zugang zur Marriott-Bar noch verwehrt wird, tanzen mit ihren jungblütigen Freundinnen im Club *Zoo*, um der Außenwelt zu zeigen, daß der polnische Mann ein gefährliches Raubtier ist. Ein Panther, der seiner Auserwählten beherzt ans Gesäß faßt. So schnell wie im *Zoo* wird wohl niemals wieder die Frau zum mythischen Sinnbild der Stadt: zur koketten Diva, die ein sinnliches Versprechen auf den

Lippen trägt, und zur Hure Babylons, wenn sie sich zum Rhythmus des DJs an einen anderen verliert. Im Le Madame, einem Club am Rande der Altstadt, ist kein Entkommen, das Management hat sich zum allgemeinen Vergnügen entschlossen, sein Etablissement großzügig mit Futon-Betten auszustatten. Im Souterrain, fern der Tanzfläche, sinken zu später Stunde überreizte Paare in die Federn – wie Eheleute nach getaner Arbeit. Sie entschlummern für kurze Zeit dem pochenden Beat der oberen Etage, unter ihnen brummt die U-Bahn ein bleiernes Wiegenlied, und wenn irgendwann das kalte Neonlicht eine letzte Runde einläutet, dann verlieren sie sich wie Sünder in der Nacht. Doch immer wenn Samstagmittags die weißen Bräute der Stadt die Kirchplätze säumen, dann schütteln sich die neuen Schwager glücklich die Hand, und die Mütter nicken lachend mit gefärbten Köpfen. Und sämtliche Männer fotografieren und filmen vereint die Unschuld in Weiß. In der verstaubten *Restauracja Budapeszt* ertränken sie dann die schwindende Jungfräulichkeit einer Frau, die selbst schon mächtig beschwipst von Tisch zu Tisch wankt. Doch insgeheim wissen die Hochzeitsgäste, daß ihre Unschuld niemals schwinden wird, denn Warschau ist die makelloseste Braut Europas. Sie kann die Wende von 1989 für kleine Momente illusorisch zur Seite schieben, wie im *Budapeszt*, das die Sowjetästhetik so trotzig konserviert, als sei es ein Ableger von Lenins Mausoleum. Oder wie in einer Milchbar, in der greise Nonnen und resignierte Arbeiter beim linkischen Kartenspiel *flaki* futtern; gerade so, als heiße ihr Chefkoch noch Jaruzelski, jener als *wrona* (Krähe) verhöhnte Parteigeneral, der einst mit dickrandig-verdunkelter Brille und billiger Militärkluft Polens Erscheinungsbild im Ausland ruinierte.

Daß die Sowjetdoktrin dennoch nie richtig griff, daß in Warschau insgeheim schon immer der Papst und ein wenig die Solidarność regierten, ist die eine Seite der weißen Weste der Stadt. Die andere ist gleichfalls historischer Natur. Jahrhundertelang von europäischen Mächten eingekesselt, hat sich im kulturellen Bewußtsein das Bild des ohnmächtigen Opfers, des gedemütigten Verlierers tief eingebrannt. Doch das Opfer harrt im polnischen Katholizismus zugleich seiner Auferstehung. Und ihr leuchtender Ausdruck sind nun Wolkenkratzer, die in Unschuld den Himmel streifen. So sind in Warschau die Sünde und die Schuld, die Hure Babylons und die Jungfräulichkeit einer strahlenden Braut widerspruchslos vereint. Wer sich nachts in fremden Betten wälzt, steht morgens selbstvergessen auf dem Kirchplatz; wer sich abends einen gefakten Schnurrbart anklebt, dem wächst über Nacht ein echter. Und wenn ein zwielichtiger Baulöwe seine Hochhäuser in den Warschauer Himmel türmt, dann weiß er, daß auch hier die polnische Ablaßdoktrin greift. Sie befreit ihn gnädig von einem schlechten Gewissen, von einer andauernden Selbstzermürbung, wie sie protestantische Gesellschaften plagt. Der irdischen Schuld entkleidet, fährt der Mammon in ein kapitalistisches Himmelreich.

Nachts, im Hotel Europejski, nach einem langen Abend im Le Madame, höre ich, wie jemand etwas durch den Türschlitz meines Zimmers schiebt. Wach geworden, Gefahr witternd, knipse ich das Licht an. Vor der Tür liegen zwei Zettel, billig bedruckt: Magda, die ich anrufen soll und die mir eine Abendbegleitung zu gewähren verspricht, sie hat einen schwarzen Balken über den Brüsten und einen anderen über ihrem Schritt. Auf dem anderen ist Piotr abgebildet. Er trägt einen Smoking und in seiner rechten Hand eine Sektflasche. Auch er verspricht vergnügliche Stunden. Beide, Magda und Piotr, sollten fortan jede Nacht im Hotel Europejski durch den Türschlitz hindurch in mein Zimmer dringen.

Ein neuer Tag. Vom Hotel, in dem es jeden Morgen Rühreier mit Speck gibt und dicke Würste, zieht es mich früh hinaus. Die Sonne bescheint Dächer, Plätze und Menschen, ein sehr milder Wintertag, und ich nehme eine der breiten Ausfallstraßen, die von der Altstadt wegführen. Ich gelange zum Platz der drei Kreuze, zum Plac Trzech Krzyży.

»Subtle scent – delicate touch – exquisite taste.« Das verspricht die blütenreine Verpackung der Vogue Superslims: Zigaretten, dünn und lang wie magersüchtige Models, in Mündern der Damen von Warschau. Sie sitzen am Platz, sie haben die Beine übereinandergeschlagen und verströmen das Lebensgefühl ihrer neuergatterten Hochglanzmagazine. Agnieszka Wiczinska sitzt über einem grünen Getränk mit zwei Freundinnen hinter der Fensterscheibe des nu, nu. Unterbrochen vom raschen Saugen an einem durchsichtigen Strohhalm, raucht sie ihre Vogue mit einer Taktfrequenz, als sei dies ihre ureigenste Bestimmung – und sonst gar nichts. Ihr Freund sei Manager, erwähnt Agnieszka zwischen zwei Zügen. Was er genau mache an diesem Freitagnachmittag, wisse sie nicht. Er arbeite aber doch sicherlich immer noch in der Marketing-Branche, fragt die kleine brünette Begleiterin zu ihrer Linken spitz. »Ja, ja«, lautet die knappe Antwort, die ein lauerndes Schweigen auslöst. Man kann den Kapitalismus besser genießen, wenn man nicht alles so genau weiß. Beiläufig sammelt ein kahlköpfiger Kellner die Gläser ein. Die Brünette zahlt für drei, ihre Nachbarin richtet ihr blaues Kleid, und Agnieszka packt zügig ihre Siebensachen zusammen.

Sie winken mir noch zum Abschied zu, man hatte sich schließlich unterhalten, auch wenn ich nur Stichwortgeber war, und mit demonstrativer Sicherheit ziehen sie in drei verschiedene Himmelsrichtungen. Jeder ihrer Schritte wird zum Ausdruck einer machtvollen Grazie, jedes Accessoire untermauert ihr frisch erkauftes Glück.

Wenn es stimmt, daß Mode ein Ausdruck der Geisteshaltung ihrer Träger ist, dann befolgen die drei Damen am Platz der drei Kreuze ein barockes Stilideal. Nicht die reduzierte Ästhetik eines Apoll von Belvedere, sondern der sinnliche Kitsch einer katholisch verwurzelten Gesellschaft blendet. Im Kult der Verzierung, im Fetisch der Vogue erstrahlt noch einmal das Geheimnis der frühkapitalistischen Warenwelt, die Karl Marx als »Zauber und Spuk« auf den Begriff brachte.

Doch die Magie der Ware duldet keine Ironie. Sie ist auf die Illusion des Einmaligen, des Authentischen angewiesen. Vielleicht ist deshalb auf dem Rondo de Gaulle die Palme der Warschauer Künstlerin Joanna Rajkowska den meisten ein Dorn im Auge. Zehn Meter erhebt sich der Plastiktraum des Südens inmitten des Stadtverkehrs zur Ikone einer sinnfreien Mitte. »Palma«, erklärt die Künstlerin ausländischen Journalisten so gerne, meint auf polnisch auch »Quatsch«; und sie weiß, daß sie nicht geliebt wird.

Mir fällt, die Palme fixierend, Berlin ein, die Stadt, in der ich seit zwei Jahren lebe. Während man dort noch immer die Strandbadbegeisterung zu befriedigen sucht, indem man ihre ufernahen Cafés mit Strandkörben und Sanddünen ausrüstet, ist der Plastikbaum in Warschaus Mitte ein Fremdkörper. Sprengen sollte man ihn, forderte eine Tageszeitung, als er an Weihnachten den traditionellen Weihnachtsbaum am Rondo ersetzte. Zu aufdringlich erinnert die Palme die Stadt wohl daran, daß jenseits der Oder die Ironie als allgemeingültiges

Lebensgefühl fungiert. Wenn im Spiel des Zitats die Wirklichkeit grausam durchbrochen wird, dann ist die Aura der Zigarette, das Geheimnis der Warenwelt, der anmutige weibliche Blick lediglich die sinnentleerte Markierung einer verlorenen Gegenwart. Es wäre eine Ironisierung frisch erlangter Macht, die man sich hier nicht leisten will. Denn noch wehrt sich die Stadt in ihrer kapitalistischen Unschuld gegen die Entzauberung der Welt; einer Welt, in der jedes Lebensgefühl zum Klischee erstarrt und zum verschämten Wettbewerb des Understatements mutiert. Sie sucht die reflexionsarme Grazie, nicht ihr zerstörendes Zitat; sie kopiert zwar den Westen, aber so, als hätte sie ihn gerade selbst erst erfunden. Sie inszeniert sich in Unschuld. Ein Paradox.

Das Leben braucht wohl Illusionen, um handeln zu können. Sagt Nietzsche. Und hin und wieder braucht man in Warschau davon eine ganze Ladung. Eines Nachts umrunde ich den Pałac Kultury, den Kulturpalast in der Stadtmitte, hinterher ist mir klar: Man muß beim Spaziergang eine ordentliche Portion guter Laune einpacken; man sollte dabei vielleicht fröhlich pfeifen; in etwa so, als schritte man als Kind tapfer in den dunklen Keller der Eltern.

Eine Ewigkeit dauert der Weg, der um 40 Millionen Ziegelsteine kreist, um 28 Plastiken, in Stein gemeißelte Arbeiter, die das »Kapital« studieren oder eine Sense schwingen, und um 3288 Räume, in denen schwere Kristallkronleuchter hängen. Im Vergleich zum Pałac Kultury war der Berliner Palast der Republik ein zartes Waisenkind. Und wer in der endlosen Leere des Raumes, die ihn umgibt, verschluckt wird, der ahnt, daß Warschaus innigster Geliebter einstmals Josef Stalin hieß. »Es war ein Geschenk«, sagt ein guter Taxifahrer, indem er überstürzt den Gang wechselt, mich anlachend, »und wir hatten die Wahl. Entweder er baut uns die U-Bahn oder den Palast.«

Am nächsten Morgen wird mir von der deutschen Botschaft mein Ersatzausweis ausgestellt, mein regulärer Paß war zusammen mit 845 Złoty in die Hände des bösen Taxifahrers geraten. Die Wolkendecke reißt immer wieder auf, Schatten legen sich in scharfen Kanten über die Stadt. Ich entschließe mich zu einem Rundgang durch die Altstadt. Nur meinen Reiseführer nehme ich mit.

Reiseführer sprechen in den ersten Zeilen gerne von Wahrzeichen einer Stadt: von der anmutheischenden Freiheitsstatue New Yorks, vom monumentalen Kölner Dom, vom beständigen Bimmeln Big Bens. Wahrzeichen sammeln brennpunktartig, was die Stadt im Mythos zusammenhält. Die kleine Wassernixe aus Stein, die Warschaus Stadtmauer schmückt, hat ihr mythisches Versprechen nicht gehalten. Es heißt, sie sei einst auf zwei Fischer gestoßen. Sie befahl ihnen, genau dort, wo sie stünden, eine Stadt zu bauen. Doch niemand weiß heute, was sie damals geritten hat, so schamlos zu lügen.

Sie suchte den Fischern nämlich mit ernster Miene weiszumachen, die Stadt, die sie gründen würden, werde unzerstörbar sein. Da die Fischer Wars und Sawa gerade nichts Besseres zu tun hatten und vielleicht ein wenig naiv waren, ließen sie sich darauf ein. Sie bauten flugs eine Metropole, die so lebensfroh war, daß sie jeder um 1900 das »östliche Paris« nannte. Doch die steinerne Nixe der Altstadt, die in ihrer Rechten ein mächtiges Schwert schwingt und in ihrer Linken einen panzernen Schild erhebt, war gegen die nationalsozialistische Barbarei nicht gewappnet. Von Hitler dem Erdboden gleichgemacht, war die östliche Metropole über Nacht von der Landkarte Europas radiert; so gründlich, daß kein Stein mehr auf dem anderen lag.

Heute ist jeder Schritt zwischen den historischen Attrappen der Altstadt eine blendende Lüge. Die pastellfarbenen Häuser, die mittelalterlichen Gassen und jede klassizistische Residenz sind Kopien aus vergilbten Stadtplänen. Man packte diese aus, als nichts mehr zu retten war, als Warschau nach dem Zweiten Weltkrieg wiederaufgebaut wurde.

Wer in der Altstadt schlendert, der schlendert auf unsichtbaren Trümmern der Gewalt; wer in die Touri-Droschke steigt, der besteigt Disneyland. Und wenn neuerdings Dönergeruch durch die Altstadt strömt, China-Restaurants die Tore öffnen und hin und wieder ein französisches Nobelrestaurant eingeweiht wird, um kurz darauf wieder zu schließen, dann verleiht dies Warschaus Altstadt heute ein internationales Flair: Mein Reiseführer hat recht.

Doch der erste Blick trügt. Warschau ist wohl die einzige Großstadt der Welt mit Dönerbuden ohne Türken, China-Restaurants ohne Chinesen und französischen Restaurants ohne Franzosen, von Italienern ganz zu schweigen. Die einzige nennenswerte ausländische Population der Stadt, die Russen und die Vietnamesen aus der Ostblockzeit, leben an der Peripherie als verlorene Kinder kommunistischer Einwanderungspolitik. Sie ernähren sich von billigen Einkäufen im »Jarmark Europa«. Dort, auf der anderen Weichselseite am Fußballstadion, ersteht täglich der größte Basar Osteuropas. Er taucht in keiner Handelsbilanz auf, er ist der östliche Rand Warschaus. Der Punkt der Stadt, an dem Rußland beginnt.

»Von den meisten Büchern bleiben bloß Zitate übrig. Warum nicht gleich nur Zitate schreiben?« fragte sich einmal Stanisław Jerzy Lec in einem seiner zahllosen Aphorismen, die so gerne um Warschau kreisen. Er mag auch hier an Polens Metropole gedacht haben, die wie keine andere Stadt seit jeher mit der brutalen Auslöschung des Bestehenden konfrontiert war und nun erneut einen überreizten Neubeginn aus Zitaten der alten Welt zelebriert. Doch nur die Unschuld verträgt eine Stunde Null, nur sie kann sich als unmarkierte Fläche behaupten, die Neues in sich aufsaugt wie ein hungriges Kind. Und nur sie kann sich jetzt selbstverliebt mit westlichen Bildern vermählen, ohne sich bei der Hochzeitsfeier sogleich zu besudeln. Man mag einwenden, daß die Unschuld nur ein kulturelles Phantasma ist, eine perfekte Lüge.

Aber die Kunst der Mimikry, das polnische Paradox der unschuldigen Inszenierung, birgt magischen Trost. In einer blendenden Verdeckung gerinnen die Falten der Mode, der Rauch der Vogue und der falsche Oberlippenbart zu makellosen Mythen des Alltags. Und so hält selbst der ungeliebte Plastikbaum am Rondo de Gaulle seine verbotene Frucht noch eine Weile zurück.

Zurückgekommen im Hotel Europejski, nach einem langen Fußmarsch, erbarmte sich meiner ein traumloser und dumpfer Schlaf. Ich hörte nicht einmal, wie zwei kleine Zettel in mein Zimmer drangen.

6
DER GUTE DEUTSCHE

ZWEI JUNGE MÄNNER, Zwillinge, sitzen am Küchentisch und sprechen über ihre Mutter. Sie liegt im angrenzenden Zimmer in ihrem Krankenbett. Verzweifelt weint sie.

»Ja, daß Mutter diese Psychopharmaka nehmen muß, dieses Teufelszeug«, sagt der eine Bruder zum anderen, und man hört im Hintergrund ein lautes Schluchzen. »Dabei brauchen wir sie doch so sehr«, sagt der andere und blickt unendlich ernst ins Leere. Der Ehemann und Vater ist erst kürzlich bei einem Unfall ums Leben gekommen. Seiher ist die Mutter unausgeglichen. Mühsam erhebt sie sich und tritt zu ihren Söhnen in die Küche, wankend, zugedröhnt von Serotonin-Wiederaufnahmehemmern. Sie blickt ihre Söhne mit entrücktem Gesichtsausdruck an. Die beiden schauen fassungslos zurück.

Schnitt.

Ich hatte mich abends in meinem Zimmer des Hotels Europejski durch das Fernsehprogramm gezappt und war nun mittendrin bei einer Folge von »M jak Miłość«

– »L wie Liebe« gelandet. Eine Fernsehserie, die zweimal wöchentlich läuft, der Quotenführer im polnischen Programm. Sie wird regelmäßig von ungefähr zehn Millionen Polen geschaut.

Man sieht nun einen älteren Herrn, sehr schüchtern ist er, sitzt in einem Café einer Frau um die Vierzig gegenüber. Er stottert sich bei einer Liebeserklärung voran, die sich die Frau geschmeichelt anhört, um schließlich melodramatisch zu erklären, daß sich ihr innerstes Gefühl der von ihm angestrebten Liaison widersetzt. Und dann dauert es drei Minuten, in denen traurige, sehr traurige Blicke ausgetauscht werden und auch verhaltene Tränen fließen. Denn das Schicksal, das Herz, das launisch ist, es steht dem Liebesglück so schmerzhaft im Wege.

Schnitt.

Das nächste Krisenszenario. Ein junger Mann, kaugummikauend, sehr lässig, mit verstrubbelter Frisur und zu langen Jeans, hört heimlich die Handymailbox seiner Freundin ab. Was er hört, sind Liebesschwüre seines Vaters. Der eigene Vater! Er schließt die Augen, bedeckt sie mit einer Hand, eine Welt bricht zusammen. Er hat es geahnt, jetzt ist es gewiß, der reiche, sehr reiche Vater, der Vater mit guten Manieren, der an der Spitze eines großen polnischen Konzerns steht, hat ihn hintergangen. Den eigenen Sohn! Natürlich tritt in dem Moment die Freundin ins Zimmer, auch kaugummikauend. Sie sieht, daß ihr Freund sich an ihrem Handy zu schaffen gemacht hat, ist zunächst beleidigt, dann schämt sie sich, ahnt, daß ihr doppeltes Spiel enttarnt ist.

Anschließend sehr lange, sehr komplizierte Gespräche am Küchentisch. Die Folge endet damit, daß die beiden sich weinend gegenübersitzen. Und ganz am Schluß, fast läuft schon der Abspann den Bildschirm herab, berühren sie sich doch noch an den Fingerspitzen. »M jak Miłość« entläßt heute die Zuschauer mit einer vagen Hoffnung.

Damit verbringt also ein Viertel der fernsehfähigen polnischen Bevölkerung zwei Abende in der Woche zur besten Sendezeit, und ich frage mich kurz, wie die polnischen Drehbuchschreiber es haben fertigbringen können, in eine Folge »M jak Miłość« mehr Tristesse und Probleme einzubauen als in »Marienhof« und »Lindenstraße« in einem Jahr zusammen vorkommen.

Jemand fehlt in der Folge an diesem Abend: der Schauspieler Steffen Möller. Möller spielt einen Deutschen, einen Bauern Anfang 30 namens Stefan Müller, den es wegen der Kartoffelzucht nach Polen verschlagen hat. Er ist der Sympathieträger der Serie, und das verwundert natürlich, denn Deutsche sind in der Regel selten positiv im Fernsehen konnotiert. Doch Müller lächelt nicht nur ständig versonnen im Dorfcafé oder auf seinem Acker wie ein idealer Schwiegersohn vor sich hin, er ist auch der Depp, der hoffnungslose Unglücksrabe in der an Schicksalsschlägen ohnehin nicht eben armen TV-Serie. Das erklärt seine Popularität. So dürfen

Deutsche in Polen sein. Zweimal schon haben Stefan Müller die Frauen verlassen. Einmal gar vor dem Traualter, als seine Verlobte, einer alten Jugendliebe nachtrauernd, aus der Kirche floh. Je mehr Körbe er kriegt, um so mehr lieben ihn seine Zuschauer.

Die Serie zitiert damit eine alte polnische Sage. Die Sage von Wanda. Wanda, so heißt es, die Tochter des Krakauer Herzogs Krak, soll um 700 in Polen geherrscht haben. Als der deutsche Fürst Rüdiger sie heiraten wollte, verweigerte ihm Wanda, einem Keuschheitsgelübde folgend, die Hand. Da fiel Rüdiger mit seinem Heer in Polen ein. Und Wanda stürzte sich in die Weichsel. Lieber den Freitod wählen, habe sie sich gedacht, als einen deutschen Fürsten heiraten.

Ausgerechnet heute also, als ich »M jak Miłość« verfolge und langsam, selbst etwas melancholisch geworden, einschlummere, ist Stefan Müller nicht auf dem Bildschirm zu sehen.

Doch der Schauspieler Steffen Möller ist in Warschau zu finden. Ich treffe ihn am nächsten Morgen in einem Café in der Ulica Chłodna, die an das alte jüdische Ghetto grenzt. Kerzen brennen auf den Tischen, draußen nieselt es leise vor sich hin, Passanten werfen müde Blicke herein. Das Café selbst erinnert an Berliner Etablissements, die, wie dieses hier, mit Retromöbeln vollgestellt sind. Leise Beats tönen aus den Lautsprechern, ein Sonntagnachmittagsgefühl macht sich breit. Möller klärt auf: Er sagt, die Figur Stefan Müller sei für einige Zeit nach Deutschland verreist. Sie komme aber bald wieder. Und dann wird sich Müller wieder verlieben. Und wird bald darauf von seiner neuen Geliebten verlassen werden. So sei die Figur nun einmal angelegt, sagt Möller. Sie ist die Inkarnation des deutschen Versagers.

Möller, 38 Jahre alt, im karierten Hemd und Cordhose, sieht höchst unscheinbar aus, trägt sein braunes Haar zum Seitenscheitel gekämmt, hat ein jungenhaftes Gesicht, das ihm etwas Harmloses verleiht, und spricht ein nicht akzentfreies, aber flüssiges Polnisch.

1995 ist er nach Warschau gezogen. Da hatte er gerade sein Theologie- und Philosophiestudium in Berlin abgeschlossen und schrieb sich, selbst nicht recht wissend, warum, für einen polnischen Sprachkurs in Warschau ein. Bereits im Zug habe ihn diese seltsame Sprache fasziniert. Ständig starrte er auf ein Schild, das im Zug neben einem kleinen Griff montiert war: »Hamulec Bezpieczeństwa« – »Notbremse«. Das klang ihm hinreichend exotisch, um längere Zeit in dieser Stadt, die nur wenige Stunden von Berlin entfernt liegt, zu bleiben. Daß daraus nun mehr als ein Jahrzehnt werden würde, habe er sich damals allerdings nicht ausgemalt.

In Warschau lehrte er zunächst Deutsch an der Universität. Und wenn er nach dem Unterricht durch die Straßen schritt, murmelte er polnische Wörter vor sich hin, so lange, bis er sie beherrschte. Daß er in Polen blieb, sagt Möller vorauseilend, da ihm dies oft unterstellt würde, habe nicht an einer Frau gelegen. Die Liebe, sie kam viel später hinzu.

Möller begann seine Erlebnisse auf polnisch aufzuschreiben, studierte ein Kabarett-Programm ein, das ihn schnell auf den Kleinkunstbühnen bekannt machen sollte. Nichts liebten die Polen mehr, als von Ausländern gerühmt zu werden. Natürlich wurden sie zwar in Möllers Programm satirisch überzeichnet, aber stets liebenswert. Und Möller sprach vor ausverkauften Häusern, erzählte, wie schrecklich die polnische Sprache sei und wie sehr doch die Polen, einer langen Tradition des Absurden gewiß, sich im Provisorischen, im Chaotischen, im nur Halbfertigen eingerichtet hätten und daß dies doch ein angenehmer Zug an ihnen sei. Auch dann, wenn sie einem das Leben schwer machten, so unendlich schwer, auf Behörden und mit Handwerkern, die allerdings mit ihrer sippenhaften Korruption und ihrer Alltagsanarchie Möllers Leben entschieden bereichert hätten.

Bei einem seiner Auftritte saß die Produzentin von »M jak Miłość« unter den Besuchern und rief ihn wenige Tage später an. Ob er in der Serie nicht eine Rolle übernehmen wolle? Möller sagte sofort zu. Und wurde bald darauf auch für andere Fernsehformate engagiert. Er moderierte die polnische Variante von *Wetten, daß …?* und eine Europa-Show. Selbst in den Werbeblöcken, die zwischengeschaltet werden, ist er zu sehen: in einem Spot für das Magenmittel »Ranimax«, in dem er ein Völlegefühl hat. Er erhält den polnischen Bambi, die »Telekamera«, und das deutsche Bundesverdienstkreuz für sein europäisches Engagement. Möller ist in Polen das Pendant zum Niederländer Rudi Carrell in Deutschland.

Unser Gespräch, das zunächst um Möllers Lebenslauf kreist, wird immer wieder unterbrochen. Möller erfüllt Autogrammwünsche. Auch den einer blonden, ausgesprochen stark geschminkten, ehemaligen Schülerin des früheren Deutschlehrers, die sich lächelnd bedankt. Sie setzt sich an einen benachbarten Tisch, streicht sich ihr orangefarbenes Oberteil, das etwas spannt, glatt und blättert in einer Illustrierten.

Ja, sagt Möller und dehnt sich – er ist prächtiger Laune, er strahlt –, er bekomme häufig glühende Liebesbriefe, so bekannt sei er mittlerweile hier. Zwei-, dreimal habe er sich sogar auf Dates eingelassen, es allerdings schnell wieder bereut, da man ihn sogleich habe heiraten wollen.

Regelmäßig erhalte er auch Briefe von einer Rentnerin, einer ehemaligen Konditoreifachangestellten, die ihm immer Bonbons in die großen Briefumschläge stecke. Und Möller erzählt, daß diesem Kontakt eine geradezu tragische Komponente innewohne. Denn diese Rentnerin beichtete ihm einmal, sie schreibe ihm so häufig, da er einem deutschen Landser so ähnlich sehe, in den sie sich als 12jähriges Mädchen verliebt habe. Eine Weile habe sie ihn in einer Scheune bei Kielce versteckt gehalten. Doch der nach Rache lüsterne Mob des Dorfes habe den Deutschen kurz vor Kriegsende aufgegriffen und hingerichtet. Nackt habe er dagelegen auf einer Wiese, mit einem Einschußloch in der Stirn, um das herum das Blut bereits vertrocknet war, als sie ihn entdeckte. Und dieses Bild des hingerichteten Soldaten gehe ihr ein Leben lang nicht aus dem Kopf.

»Ich bin der Ansprechpartner für alle deutsch-polnischen Schicksale«, sagt Möller. Denn die Polen kennen keine Deutschen, denen sie ihre Geschichten erzählen könnten, und so erzählten sie sie nun ihm. Er, Möller, sei so etwas wie das Ventil für das Kriegstrauma der Polen.

Unser Gespräch droht so traurig zu werden wie eine Folge von »M jak Miłość«, und ich entschließe mich, die grundsätzlichen Mentalitätsunterschiede zwischen Polen und Deutschen zur Sprache zu bringen. Stereotypen, aus denen sich Möllers Kabarettprogramm speist.

»Die Gastfreundschaft!« ruft Möller laut aus und erzählt, wie er kürzlich in Berlin war. Bei einem Freund. Daß dieser Freund, der in einer WG wohnt, ihm Speis und Trank verweigert habe. Ihm also zumindest nichts angeboten habe. Dies sei in Polen nun wirklich ganz undenkbar, wo man, sobald man nur den Fuß über die Schwelle setze, bereits Wurst und Alkohol in die Hand gedrückt bekomme. Heimlich habe er sich in der Berliner Küche am Schinken laben müssen. Außerdem sei im

Badezimmer ein Sparschwein aufgestellt gewesen, in das jeder, der duschte, ein 50-Cent-Stück habe hineinwerfen müssen, damit die Kosten für Warmwasser gerecht aufgeteilt seien. Das sei eine engherzige Gerechtigkeitsvorstellung. Und für Polen, die ausladende, an Verschwendung grenzende Gastmahle zelebrierten, wäre dieses Sparschwein ein Skandal, ja eine Kriegserklärung an den Gast, von dem man nun nicht erwarte, daß er sich an den laufenden Kosten der Wohnung beteilige.

Ich wende ein, daß gerade die polnische Gastfreundschaft auch ihre Schattenseiten habe. Wie oft habe ich, als ich polnische Verwandte und Freunde besuchte, mit ansehen müssen, wie man mir den spärlichen Wohnraum, der für eine Familie schon zu knapp bemessen war, fast gänzlich räumte. Und wie selbst tattrige Großväter mir ihr Bett zur Verfügung stellten, um dann die eigenen müden Knochen auf den harten Holzboden zu betten. Ich selbst schlief dann eigentlich sehr schlecht, fühlte mich, einem dekadenten König gleich, ganz unangemessen wie auf Händen getragen.

Die Gastfreundschaft, fahre ich fort, habe erdrükkende Seiten, dauernd müsse man Würste essen und habe ein Völlegefühl vor lauter Borschtsch und Wodka. Außerdem erzeuge die Enge – der Umstand, daß auf nur wenigen Quadratmetern sich ganze Großfamilien dicht gedrängt zum Abendessen versammeln – Herzrasen. Demjenigen Gast zumal, der ohnehin zur Klaustrophobie neigt. Und abschlagen könne man die angebotenen Speisen nur mit die Höflichkeitsgrenze schnell überschreitender Vehemenz.

Nun, sagt Möller, man müsse die Codes kennen. Ein Angebot habe man genau dreimal abzuschlagen, bevor dies die Gastgeber akzeptierten, und so müsse man sich auch am Telefon mindestens fünfmal verabschieden, bevor man den Hörer aufzulegen sich erlauben dürfe.

Steffen Möller nimmt einen Schluck Kaffee, überlegt kurz und sagt, es gebe noch einen weiteren, sehr grundlegenden Unterschied zwischen Polen und Deutschen, der ihm aufgefallen sei: »In Polen kennt jeder seine Blutgruppe. Jeder.«

Das zweifele ich an. Da steht Möller auf und setzt sich zu seiner früheren Studentin, die augenblicklich errötet und mit der Rechten ein wenig mit ihren Haaren spielt. Sie sagt, nein, da müsse sie ihn enttäuschen, nein, sie kenne ihre Blutgruppe wirklich nicht.

Natürlich, sagt Möller mit gespielter Enttäuschung, immer gebe es diese Ausnahmen von der Regel. Im Prinzip stimme die Sache mit der Blutgruppe aber schon.

Es sei seltsam, sage ich etwas unvermittelt, daß wir geradezu entgegengesetzte Lebensläufe hätten. Er sei einer der wenigen Deutschen, die sich nach Polen wagten, um hier zu leben, und ich sei ein Pole, der nach Deutschland ausgewandert sei. Und wir hätten gemeinsam, daß wir nun radebrechend dieses Land erkundeten.

»Sind Sie eigentlich bei der Fußball-WM für die

Deutschen oder die Polen?« fragt Möller. Die Frage war unausweichlich, und ich antworte ausweichend, daß die Polen keine Turniermannschaft seien, gegen die Deutschen hätten sie bisher nicht ein einziges Mal gewonnen. Das würde auch erklären, fügt Möller hinzu, weshalb die Polen, die das internationale Fußballgeschehen sehr wohl verfolgten, nicht einmal den Namen ihres eigenen Nationaltrainers kennen.

Das zweifele ich an. Da steht Möller auf und setzt sich wieder zu seiner früheren Studentin, die ihn strahlend anblickt und ihre Illustrierte zur Seite legt. Sie sagt, nein, da müsse sie ihn enttäuschen, nein, den Namen des Nationaltrainers kenne sie wirklich nicht.

»Sehen Sie«, sagt Möller, »wie sehr die Stereotypen doch stimmen.« Dann verabschiedet er sich, sagt, daß er gerade seine Wohnung renoviere, und den Handwerkern, na ja, denen müsse man hin und wieder über die Schulter schauen.

Zwei Tage später steht Möller auf der Bühne. In einem kleinen Restaurant in Poznań. Es heißt Aplauz, das Scheinwerferlicht strahlt ihn an, das Publikum trinkt Bier, und Möller erzählt zum Aufwärmen einen Witz: »Kommt ein Zug aus Berlin. Der Schaffner ruft: ›Wrocław, Wrocław, früher Breslau.‹ Nächste Station. Der Schaffner ruft: ›Gliwice, Gliwice, früher Gleiwitz.‹ Und am nächsten Halt: ›Zabrze, Zabrze, früher Hindenburg.‹ Steigt ein alter Pole aus, geht zum Schaffner und sagt: ›Do widzenia – Auf Wiedersehen – Früher: Heil Hitler.‹« Über die Pointe wird heftig gelacht. Und Möller reiht im Laufe des Abends seine Alltagsbeobachtungen aneinander. Erzählt, daß in Berlin die Kneipen vor allem an Weihnachten besonders voll seien, was die Besucher für einen schlechten Witz halten, denn Weihnachten sei ja das Fest der Familie, da gehe man doch nicht aus. Und wenn doch, dann seien die Deutschen ein gottloses, finsteres Volk. Und Möller erzählt, daß alle Polen glaubten, daß sich deutsche Frauen nicht unter den Achseln rasieren. Daß stimme zwar sehr häufig, aber es gebe Ausnahmen, sagt er. Dann rühmt er die polnische Gastfreundschaft und das Improvisationstalent der Polen. Und nach der Vorstellung gibt er Autogramme und wird von einem dickbäuchigen Besucher, dem er eine CD mit seinem Programm verkauft, gefragt, ob es Tabus gebe. Dinge, über die man in Polen nicht scherzen dürfe.

Da antwortet Möller ganz ernst. Er sagt, der Papst sei ein Tabu wie auch der Skispringer Adam Małysz, und auch, nun ja, das Essen. Das Essen sei so gut in Polen nicht. Da scheint es für einen Moment, als habe der Mann den Kauf der CD bereut. Als habe ihn Steffen Möller betrogen.

7
DIE SHERIFFS

BESONDERS LEBHAFT SIND MIR diejenigen Episoden meiner Polenreise im Gedächtnis geblieben, die mir die Klischees der Deutschen über die Polen bestätigten. Klischees, die von Korruption und vom Verbrechen künden.

Eines Abends, es ist 23 Uhr, steige ich in einer kleinen Stadt an der masurischen Seenplatte in einen Nachtzug, kämpfe mich, schwer bepackt, zum Schaffner vor, um eine Fahrkarte zu lösen. Der Schaffner, der mit Mühe nur seinen untersetzten Körper durch einen schmalen Gang preßt, zuckt mit den Schultern. Der Zug sei ausgebucht. Dann grinst er, kaum wahrnehmbar, weist mich in sein Schaffnerabteil. Natürlich könne man da etwas machen, sagt er, breitet die Arme aus, er hat sogleich meinen deutschen Akzent erkannt, zeigt mit einem Finger auf eine Zahnlücke, sagt, die Ärzte in Polen seien teuer. Außerdem habe er Kinder.

»Kinder« ist immer das Stichwort. Dann muß man bereit sein, den Fahrpreis zu zahlen, ohne einen Beleg oder eine Fahrkarte zu erhalten. Dafür bekommt man ein geräumiges Schlafwagenabteil zugewiesen: Erste Klasse, russische Bauart, mit dunkler Holzvertäfelung und einem mächtigen Spiegelschrank. Und ganz sanft, mehrfach gefedert, wird man, einem hohen KGB-Offizier gleich, durch die Nacht gebracht.

Ein anderes Mal bin ich mit einem Mietwagen unterwegs. An einer Landstraße tanke ich, verlange dann eine Rechnung. Der Tankwart fragt: »Wieviel soll ich denn draufschreiben?« Er schlägt ein Geschäft vor: Ich zahle mehr, als ich getankt habe, er wiederum schreibt noch einmal einen weitaus höheren Betrag auf die Rechnung. Er schließt, leider nicht ganz richtig, ich befände mich auf einer Dienstreise. Die Rechnung würde ich doch ohnehin, erklärt er umständlich, von der Firma, in deren Auftrag ich mit einem Mietwagen reise, zurückerstattet bekommen. Er blickt mich durch seine Nickelbrille verständnislos an, denn ich möchte dem Geschäft keinesfalls zustimmen. Aber wir würden doch, sagt er kopfschüttelnd, beide als Gewinner aus dieser kleinen Unregelmäßigkeit hervorgehen.

Am Ende unserer kleinen Meinungsverschiedenheit, in deren Verlauf ich mich mit geradezu preußischer Selbstbeherrschung durchsetze, wirkt er sehr ratlos, knüpft sich seine geräumige Weste zu, als sei mit mir ein eisiger Luftzug in sein Tankstellenhäuschen hineingefahren, und fixiert mich mit einem mißtrauischen Blick. Ich bin ihm ein seltsames, einem fernen Planeten entsprungenes Wesen, das nur wenig von der Welt versteht.

Ach, die Korruption, sie ist so allgegenwärtig. Niemanden hat es in Polen überrascht, als Transparency International nachwies, daß das Land im EU-Vergleich in dieser Hinsicht Spitzenreiter ist.

Ein ausgesprochen häufig verwendetes polnisches Wort ist »załatwiać«. Es heißt soviel wie »es irgendwie hinkriegen«, »sich durchwurschteln«, aber es heißt auch: »jemanden reinlegen«. Seine Bedeutung changiert zwischen den beiden Polen, die mir in Warschau so häufig begegnet sind, der Sünde und der Unschuld, des Opfers und der Auferstehung. »Załatwiać« vereint Unvereinbares.

Als ich Poznań besuche, das nur zweieinhalb Stunden von Berlin entfernt ist, zahle ich in einem Taxi, das mich vom Bahnhof in die Innenstadt bringt, 25 Złoty, ein anderes Mal reguläre 12 Złoty fünfzig Groszy. Es muß in diesen Taxis einen geheimen Schalter geben, einen magischen Knopf, der den Taxameter genau auf die doppelte Geschwindigkeit beschleunigt.

Die überteuerte Fahrt ist zumeist deutlich freundlicher, der Taxifahrer erzählt, gewiß um den Fahrgast durch seine Erzählkunst abzulenken, mit guter Laune Familienanekdoten. Ich habe es aufgegeben, auf den Betrug hinzuweisen. Es würde eine Geschichte von Zahnarztkosten und Kindern folgen, die sich sehr in die Länge ziehen kann.

Man war und ist Meister in der Verstellungskunst. Polen hatte schließlich bereits in seiner Adelsrepublik ein ausgeprägt aristokratisches Kulturleben entwickelt, mit allen Facetten intriganter Schauspielkunst. Nicht zuletzt hatten die Italiener, deren Verstellungskunst seit jeher gerühmt wird, Renaissance-Städte wie Krakau mit ihren Kunstwerken und Baukünsten bereichert.

Als sich Deutschland in der zweiten Hälfte des 18. Jahrhunderts mit protestantischer Hingabe einer inszenierungs- und monarchiefeindlichen Moral hingab, wurde Polen von der europäischen Landkarte gelöscht; wurde aufgeteilt zwischen Preußen, Rußland und Österreich. Auf dem Gipfel des Aufklärungsjahrhunderts also, das die Kongruenz von innerer und äußerer Schönheit propagierte, Moral und Ausdruck, von Seele und Körper; ein Jahrhundert, das ein verinnerlichtes, protestantisches Gewissen predigte, zu dieser Zeit wurde Polen als Staat ausradiert. Womöglich deshalb hat sich die Verstellungskunst der alten Adelsrepublik konserviert.

Gewöhnlich spricht man schlicht vom »Improvisationstalent« der Polen. Galt es einst, die Behörden zu bestechen, mit diskreten Briefumschlägen oder Naturalien, um früher als geplant eine Wohnung zu erhalten oder eine Ausreisegenehmigung, so hat sich dies nahtlos in die Dritte Polnische Republik hinübergerettet. Noch heute rühmt sich mein Vater dafür, in jedem Geschäft einen Rabatt auszuhandeln. Es ist der Stolz des Regelbruchs, der den gewohnten Lauf der Dinge unterbricht, der der Ausnahme der Regel huldigt. »Załatwiać« heißt schließlich, gesellschaftlichen Normen zu mißtrauen.

Anders in Deutschland, wo man, sich am Paradigma des preußisch-protestantischen Händlers orientierend, Marktwirtschaft mit Moral verknüpft hat. Folgte daraus ein üppig ausgebauter Wohlfahrtsstaat, so hat Polen sich nach der Wende einen Kapitalismus mit nur minimaler sozialer Sicherheit zugelegt. Dem Glücksspiel oder dem Krieg gleich, gibt es hierbei gleichermaßen Gewinner und Verlierer.

Der Kontingenz überantwortet, dem Glück auf der Spur, entstehen an den Straßenecken polnischer Städte Internetcafés. Es sind Familienbetriebe, morgens sitzt zumeist der Vater an der Kasse, abends die Mutter und in der Nacht die erwachsenen Kinder. Und wenn das Geschäft Insolvenz anmeldet, dann verliert der Besitzer nicht sein Gesicht, sein Haupt senkt sich nicht in die Pose protestantischer Selbstzermürbung, sondern er wird sich weiter durchschlagen.

Wer gewinnt, geht mit einem höheren Einsatz in die nächste Runde. Und wer verliert, ist ein polnischer Versager. Doch das Versagen hat man sich niemals selbst zuzuschreiben. Eine lange Tradition der Niederlagen im Rücken, ist man sich des Zufalls, der unerwarteten Fügung bewußt, die heimlich unser Dasein dominiert. Auch deshalb liebt man den deutschen Stefan Müller so sehr, der sich in »M jak Miłość« von einem Mißgeschick ins nächste hinüberrettet.

Ressentiments gegenüber dem Staatswesen, die in kommunistischer Zeit religiös und politisch motiviert waren, haben sich auch nach der Wende fortgesetzt. Ein Gespräch auf dem Marktplatz oder in der Kneipe genügt, um dies in Erfahrung zu bringen. Die Regierung ist immer schlecht, heißt es, verkommen, korrupt, ihr ist nicht zu trauen. Und so weist der Sejm, das polnische Parlament, alle vier Jahre ein jeweils neues, völlig unübersichtliches Parteienspektrum auf. 2005 wird die Partei der Zwillingsbrüder Lech und Jarosław Kaczyński »Recht und Gerechtigkeit« stärkste politische Kraft, nachdem sich die Postkommunisten in Korruptionsaffären verstrickt hatten. Seitdem die Brüder an der Macht sind, droht das katholische Paradox der polnischen Sünde, die in Unschuld erstrahlt, ins Wanken zu geraten. Denn die Brüder propagieren mit moralischem Eifer eine neue »Wahrhaftigkeit« in der Politik, die mißtrauisch macht. Sie sprechen gar von einer neuen, einer »Vierten Polnischen Republik«.

Lech ist Staatspräsident, Jarosław Vorsitzender der Partei, die auch die Regierungspolitik mitbestimmt. Die 57jährigen unterscheiden sich durch zwei Merkmale. Jarosław Kaczyński hat eine störrischere Frisur als sein Bruder, und ihm fehlt das Muttermal an der Nase. Beide sind 1,64 Meter groß, untersetzt und tragen die gleichen maßgeschneiderten Anzüge. Und die Polen sagen, eine häßliche Anspielung auf ihre Physiognomie wie auf ihren Namen, sie würden nun von *kaczory*, von Enten, regiert.

Im Wahlkampf plädierten sie für die Wiedereinführung der Todesstrafe und eine rigorose Korruptionsbekämpfung. Sie wetterten gegen die forcierte Privatisierung von Staatsbetrieben, polemisierten gegen die EU-Verfassung und verteufelten vorehelichen Geschlechtsverkehr.

Allabendlich im Hotel Europejski sehe ich einen Werbespot der Partei, die kurz darauf die Wahl gewinnen sollte: Man habe die Kommunisten gestürzt, sagt Lech Kaczyński darin, doch das Land sei immer noch von ihnen korrumpiert, und während er das sagt, werden randalierende Jugendliche, dann polnische Mütterchen gezeigt, die in ihr leeres Portemonnaie blicken. Das Geld reiche nicht mal für Lebensmittel, sagt Kaczyński aus dem Off. Die Kriminalität aber wachse.

Den Polen ist das Zwillingspaar seit 1962 wohlvertraut. In einem populären Kinderfilm spielten Lech und Jarosław zwei faule, boshafte Zwillinge, die den Mond stahlen. Unmittelbar nach der Wende, 1990, waren sie dann erneut auf den Fernsehbildschirmen zu sehen. Präsident Lech Wałęsa hatte seinen alten Mitstreitern aus oppositionellen Solidarność-Zeiten den Rang von Vize-Präsidenten verliehen. Lech wurde Chef der Präsidialkanzlei, sein Bruder leitete das Sicherheitsbüro. Der

Einfluß der Kaczyńskis auf den Präsidenten soll immens gewesen sein. Ja, es wurde sogar kolportiert, in Anspielung auf ihre alte Filmrolle, sie hätten das Präsidentenamt gestohlen.

Selbst in Deutschland war bereits kurz vor der Wahl ein polnischer Stimmungswandel bemerkbar geworden. Polen tauchte in den Nachrichten wieder auf, als es in den Irak-Krieg zog, während ihn Deutschland verdammte. Polen war gegen die europäische Verfassung, und Erika Steinbach zierte fast jedes polnische Magazin mit ihrem Antlitz.

Erika Steinbach plant ein Zentrum gegen Vertreibungen. Sie ist, nach Merkel, die berühmteste deutsche Politikerin in Polen. Ihr werden auf Titelschlagzeilen Springerstiefel montiert. Zu einer weiteren, zweifelhaften Berühmtheit gelangte der Verein Preußische Treuhand, der die Interessen enteigneter Grundbesitzer aus Schlesien vor Gericht durchsetzen will. Der polnische Sejm verabschiedete daraufhin einstimmig eine Resolution über Kriegsreparationen von Deutschland. Sie war maßgeblich von den Kaczyński-Brüdern initiiert worden, allerdings für die polnische Regierung nicht bindend.

Nur die Russen werden zu einem noch größeren Feindbild der Polen stilisiert als derzeit die Deutschen. Und es glaubt mir niemand in Polen, daß Erika Steinbach in Deutschland nahezu unbekannt ist.

Für Wirbel hat Lech Kaczyńskis erster Besuch in

Deutschland gesorgt. Eine Gruppe Schwuler und Lesben hat seine Rede an der Berliner Humboldt-Universität gestört. Seither werden Nazikarikaturen in polnischen Zeitungen abgedruckt, SA-Leute tragen Armbinden mit Regenbogenfarben statt mit Hakenkreuzen.

Mitten auf meiner Reise werden die Kazyńskis gewählt, die Sheriffs von Warschau, so werden sie genannt. Und sie drohen meine schönen Thesen über Warschau, die ich mir zurechtgelegt hatte, zu zerstören. Die These, daß in Polen die Sünde und die Unschuld vereint seien, daß man dem ewig schönen Spiel der katholischen Ablaßdoktrin fröne.

Haben die Polen wirklich ihre weiße Weste abgelegt?

Ich hätte schon vor meiner Reise mißtrauisch sein sollen. Denn ich hatte gelesen, wie schwer sich das Land damit tat, seine eigenen dunklen Flecken in der Geschichte aufzuarbeiten. Jedwabne ist das Stichwort. Jedwabne im Nordosten von Polen wurde von sowjetischen Truppen besetzt, so wie es im Hitler-Stalin-Pakt beschlossen worden war. Im Juni 1941, beim Wehrmachtsvorstoß während des Unternehmens Barbarossa, wurde der Ort von Nazideutschland okkupiert. Doch es waren polnische Einwohner, die kurz darauf die ansässigen Juden hinrichteten. Das hatte der amerikanisch-polnische Historiker Tomasz Grosz kürzlich in seinem Buch »Nachbarn« aufgezeigt. Und Polen erschienen erstmals nicht nur als Opfer deutscher

Nazi-Besatzung – sondern auch als Täter, die sich an ihren wehrlosen jüdischen Nachbarn vergriffen hatten. Die Offenbarung dieses lange gehüteten Geheimnisses war ein Schock, worauf die wichtigste Auseinandersetzung Polens mit sich selbst nach der Wende stattfand. Die kleine Ortschaft verschwand monatelang nicht von den Titelseiten der Zeitungen und vom Fernsehbildschirm.

Die Partei der Kaczyński-Brüder etablierte sich ausgerechnet in der Zeit, als die Jedwabne-Greuel zutage traten. Jarosław Kaczyński sagte über die Jedwabne-Aufklärer: »Sie versuchen uns zu verleumden.« Man wolle wohl, sagte er, aus den Polen die Verbündeten Hitlers machen.

Auf meiner Reise traf ich auch polnische Verwandte wieder. Tante Ania und ihren Bruder, Onkel Tadek. Sie beschwichtigen mich: Gegen die Deutschen hätten sie nun nichts, sie haben uns ja schon ein paarmal besucht, der Rhein sei so schön. Mit dem Rest ist man einverstanden: mit den großen polnischen Familienwerten, die vor dem Raubtierkapitalismus geschützt werden müssen, mit dem Nationalstolz des Volkes von Helden und Opfern, dem katholischen Erbe des Landes.

Es paßt nicht in mein Bild von Polen, daß meine Verwandten von der rigiden Moral der Kaczyńskis ergriffen sind, ich hatte sie wie weichgezeichnet in Erinnerung behalten.

»Daß die Kaczyńskis nun gegen Minderheiten, gegen Homosexuelle vorgehen, wie findet ihr das?« frage ich sie. Und sie antworten: »Na endlich. Es wurde auch Zeit.«

Und ich kam mir, der ich bei Lehrern mit selbstgestrickten Pullovern und linksliberalem Gewissen die Schulbank gedrückt hatte, sehr fremd vor. In dem Land meiner Kindheit.

8
DER VERFOLGTE

UND DANN STREIFT SICH der beleibte Besitzer der Bar die blonde Perücke über die Glatze, zieht sich ein rotes Kleid über und tanzt hinter dem Tresen, mit weit ausgestreckten Armen, als gelte es, die ganze Welt zu umarmen. Er kreist um sich selbst, schließt die Augen, singt den alten russischen Schlager von Alla Pugatschowa mit, der aus den Lautsprechern dringt: »Die Aristokraten können die ganze Welt beherrschen, aber eines darf kein einziger König: aus Liebe heiraten.«

»Aber eines darf kein einziger König ...« Immer wieder erklingt der Refrain, die Gäste singen mit.

In einer Seitenstraße der Ulica Marszałkowska in Warschau, die sich nach den Plänen kommunistischer Stadtplaner wie eine breite Narbe durch die Innenstadt zieht, befindet sich eine von drei Schwulenkneipen der Stadt. Eine Enklave. Hier trifft sich der Abschaum, die westliche Dekadenz, hier treffen sich diejenigen, die in ein »Umerziehungslager« gehören – glaubt man der neuen Regierungspartei, die mit aller Kraft an einer »moralischen Erneuerung« des Landes laboriert.

An der Bar lehnt Alexej Suchzyn, ein verfolgter russischer Dissident. Er blickt mit glasigen Augen auf den tanzenden, zur Diva verwandelten älteren Herrn, ein Bier trinkend, in langen Zügen. »Alexej«, ruft jemand quer durch die Bar, »Alexej, sing mit!«

»Aber eines darf kein einziger König ...«

Alexej Suchzyn mag nicht singen, nicht reden, er hat genug geredet den ganzen Tag, winkt ab, die Bilder der Vergangenheit wurden gegenwärtig, als er mir heute von seinem Leben erzählte, von Knüppelschlägen auf Nieren und von seinen ausgerenkten Armen in einem kaukasischen Militärquartier, von Tritten in den Unterleib. Die Bilder wollen nicht weichen, auch jetzt nicht, in dieser Kneipe, sie spuken in seinem Hirn, sie haben sich ihm eingebrannt. Gespenster der Nacht.

Suchzyn hat keinen Paß, keine Aufenthaltsgenehmigung, kein Geld, keine Krankenversicherung, er darf nicht arbeiten. Die polnischen Behörden haben ihn im Januar aufgefordert, das Land zu verlassen, die Abschiebung droht. Er lebt bei Freunden, in der Hinterstube eines Lebensmittelgeschäfts, im Keller eines Bekannten, im Dachgeschoß einer polnischen Familie, die ihm Unterschlupf gewährt. Den Aufenthaltsort stets wechselnd, den Rucksack und die Luftmatratze stets griffbereit, auf der Flucht vor dem polnischen Grenzschutz, der auch in Warschau nach illegalen Immigranten sucht. »Eigentlich«, sagt Suchzyn, »gibt es mich gar nicht.«

Wenige Stunden bevor er ins Warschauer Nachtleben zieht, treffen wir uns in einem Café des Hotels MDM, ein nur fünfstöckiger, gleichwohl monströser Palast, den die Kommunisten einst ins Zentrum setzten, damit er den direkten Blick auf eine Kirche versperrt. Suchzyn trägt einen dicken Mantel, hat dünnes, blondes Haar, ein blasses Gesicht. Er breitet Akten aus, mit noch geröteten Fingern, der Warschauer Winter ist an diesem Tag streng, Krankenberichte sind darunter und Briefwechsel mit der polnischen Flüchtlingsbehörde. Aus dem Fenster blickend, Tee trinkend, sieht man breite, menschenleere Straßen, Taxis, die vorübergleiten.

Suchzyns Akten belegen eine Geschichte, die sowohl der Vertreter der unabhängigen »Helsinki-Stiftung für Menschenrechte« in Warschau als auch das polnische Büro des Hochkommissariats für Flüchtlingsfragen der Vereinten Nationen (UNHCR) überprüft haben. Sein Antrag sei »wert, positiv beantwortet zu werden«, heißt es beim UNHCR. Die Organisation plädierte bei den polnischen Behörden vergeblich dafür, Suchzyn als Flüchtling anzuerkennen. Drei Gründe führten die Vereinten Nationen an: Suchzyns Engagement als Bürgerrechtler, seine Kriegsdienstverweigerung, die in Rußland mit Gefängnishaft bestraft würde, und seine Homosexualität.

Als Alexej Suchzyn seine Geschichte im Café des Hotels MDM erzählt, in dem wir die einzigen Gäste sind, unterbricht er sich immer wieder selbst. »Ich habe das alles schon so oft erzählt«, sagt er dann und fährt mit der flachen Hand über die Tischplatte, als gelte es, einen bösen Traum wegzuwischen. Suchzyns Geschichte beginnt in Grosnij. Das russische Militär startet im Januar 1995 eine Offensive gegen die rebellische Hauptstadt. Zehntausende Zivilisten, in Wagenkolonnen, strömen in die umliegenden Republiken der russischen Föderation. Auch ins südrussische Pjatigorsk am Vorgebirge des Kaukasus, Suchzyns Heimatstadt, gelegen an den satten Hängen des Berges Maschuk, am Ufer des Podkumok, einst ein Kurort russischer Aristokraten. Klassizistische Hausfassaden tragen noch heute die Patina der Zarenzeit. Eines Morgens waren sie »einfach da«, erinnert sich Suchzyn, »Tschetschenen mit Frostbeulen im Gesicht, mit starrem, leerem Blick«, den Bombenhagel im Rücken, sie streunten durch die Stadt wie »lebendige Leichen«.

Suchzyn war jung, 24 Jahre alt, er hatte gerade sein Jurastudium abgeschlossen, und zusammen mit Freunden plante er, Menschenrechtsverletzungen anzuprangern, den Flüchtlingen mit Rechtsbeihilfe zur Seite zu stehen. Seine kleine Gruppe mit dem Namen »Organisation zur Entwicklung der Rechte und Freiheiten des Menschen und des Bürgers« war den russischen Behörden schnell ein Begriff.

Ein Nachmittag im April des Jahres 1995 sollte Suchzyns Leben verändern. In einer Seitenstraße von Pjatigorsk greift ihn ein Trupp nationalistischer Paramilitärs auf. Sie werden »Kosaken« genannt. Suchzyn wehrt sich, doch die Militärs wissen, wie man Finger bricht, schleppen ihn in ein Quartier, fesseln ihn an einen Heizkörper.

Suchzyn wacht im Krankenhaus wieder auf. Er hatte während des mehrstündigen Verhörs zuvor das Bewußtsein verloren. Was sagten sie noch, die Kosaken? Das fällt ihm sofort ein, trotz der Schmerzen. Das hat er behalten, bis heute, sie sagten: »Das ist nur der Anfang.« Sie sollten recht behalten. Suchzyns Bürgerrechtlergruppe ist mittlerweile aufgelöst worden; zwei ihrer Mitglieder, darunter die Gründerin Natalia Leonidowa, sind verschollen.

Als Suchzyn Tage später humpelnd in die kleine Wohnung zurückkehrt, die er sich mit seiner Mutter teilt, liegt ein Brief auf dem Küchentisch. Er soll zum Militär eingezogen werden, um gegen die Tschetschenen zu kämpfen. Als Tschetschenenfreund und Homosexuellem kommt dies einem Todesurteil gleich. Er packt ein, was er nur tragen kann, steigt in einen Zug. Drei Tage dauert die Fahrt auf maroden Gleisen, ein langer, quälender Abschied vom kaukasischen Vorgebirge, durch die weite Leere der russischen Steppe, bis an die Weichsel, bis nach Warschau.

»Ich würde gerne Mutter wiedersehen«, sagt Alexej Suchzyn, ein Satz, der ihn kurzzeitig in die Gegenwart reißt. Er nippt am Tee, blickt kurz aus dem Fenster, hinaus in die Dämmerung. »Ich vermisse sie« – »Tęsknię za nią.«

Als Suchzyn seiner Mutter in der Pjatigorsker Küche gesteht, daß er Männer liebt, ist er 22 Jahre alt. Zwei Tage spricht sie nicht mit ihm, am dritten Tag sagt sie, Alexej sei ihr Star, ihr Stern – »gwiazda«. Und ihr Stern könne sich wohl alles erlauben auf dieser Welt, »gut«, sagt sie, »wenn es denn sein muß«.

Als Flüchtling wurde Suchzyn in Polen nicht anerkannt, der Prozeß zieht sich nun über ein Jahrzehnt, Arbeitserlaubnisse und Reisepapiere erhielt er immer nur für wenige Wochen. Hoffnung keimte dennoch auf, er lernte Polnisch und durfte mit einem staatlichen Universitätsstipendium Politologie und polnisches Recht studieren. Doch seine Anträge beim Flüchtlingsamt wurden aus formalen Gründen zurückgewiesen. Daß er als Kriegsdienstverweigerer und Dissident in ein Strafbataillon käme und dort als Homosexueller nach Berichten des Europarats besonderen Repressionen ausgesetzt sein dürfte, interessiert die polnischen Behörden nicht.

Zweimal hat Suchzyn die Behörden erfolgreich verklagt, die verpflichtet wurden, seinen Antrag erneut zu prüfen. Doch der zuständige Generalsekretär der Warschauer Flüchtlingsbehörde, Jan Węgrzyn, sagte öffentlich, Suchzyn nerve, und fügte an: »Da klagt doch tatsächlich einer gegen eine Behörde.«

Ein drittes Mal prozessiert nun Suchzyn, seine Unterlagen würden nicht adäquat überprüft, so die Anklageschrift. Da erlassen die Behörden einen Abschiebeerlaß, bevor das Gericht überhaupt ein Urteil fällt.

Das ethnisch ausgesprochen homogene Polen fährt eine rigide Ausländerpolitik, Węgrzyn sagt, Polen dürfe nicht wie die westlichen Staaten von Ausländern aus der Dritten Welt überschwemmt werden. »Ich komme mir vor«, sagt Suchzyn und lacht zum erstenmal an diesem Nachmittag, »wie eine Romanfigur von Kafka. Ich habe nur noch Paragraphen im Kopf.«

»Aber eines darf kein einziger König ...«

Es spricht sich in der Kneipe herum, daß ich aus Berlin komme. Aus Berlin. Berlin mit rollendem R, mit der Betonung auf der ersten Silbe: »BERRlin.« Da sind solche Clubs nicht verborgen in Katakomben, sondern öffentlich, und auf den Straßen umarmen sich die Jungs in »Krreuzberg«. Eine Stadt, in der selbst der Bürgermeister sich öffentlich outet: »Wowerreit.« Überhaupt Deutschland, so liberal, so weltoffen, so sexy.

Der Beschluß über Suchzyns Abschiebung fällt wie zufällig in eine Zeit, in der die polnische Gesellschaft sich nahezu manisch mit Homosexualität beschäftigt. Präsident Lech Kaczyński führte einen Wahlkampf auf Kosten von Minderheiten, seine Umfrageergebnisse stiegen, als er in seiner Funktion als Warschauer Bürgermeister die »Gay Parade« verbot, mit der lapidaren Begründung, der Verkehr der Stadt drohe zu kollabieren. Den »Marsch der Normalität« von Skinheads hat er freilich erlaubt. In anderen polnischen Städten flogen, ungeachtet eines Polizeiaufgebots, Pflastersteine auf Demonstranten, im November skandierten in Poznań militante Gegendemonstranten: »Wir machen mit euch das, was Hitler mit den Juden tat.« Die Polizei löste die verbotene Demonstration auf und verhaftete vorübergehend über 100 Teilnehmer – diejenigen, die für die Rechte von Schwulen und Lesben auf die Straße gingen.

Der Vorsitzende von »Recht und Gerechtigkeit« und Zwillingsbruder des Präsidenten, Jarosław Kaczyński, verlangt Berufsverbote für homosexuelle Lehrer. Auch regten seine Parteifreunde die staatliche Einrichtung von Umerziehungslagern für Schwule an.

Ach, die Homosexualität, in Deutschland ist sie seit Jahrzehnten hoffähig, fest verankert in der »Lindenstraße« und im Big-Brother-Container. Fernab jedes Skandals, ist sie mittlerweile ein geradezu langweiliges Phänomen. Der Furor, mit dem die neue polnische Regierung katholische Familienwerte propagiert, verströmt den Mief der fünfziger Jahre, von dem sich das westliche Europa schleichend gelöst hat, ihn abtrug zugunsten individueller Freiheitswerte. Es scheint, als habe der Liberalismus der Postwendezeit, nachdem Polen lange Zeit von der Landkarte verschwunden war, nachdem es unter nationalsozialistischer, dann sowjetischer Fremdherrschaft stand, einen Rückschlag erlitten. Wie ein Rückzugsgefecht gegen eine forciert funktional-ausdifferenzierte Gesellschaft, die sich auch in Polen unaufhaltsam auszubreiten beginnt, erscheint die derzeitige moralinsaure Stimmung jenseits der Oder. Gern treten Politiker mit der Forderung nach Einführung der Todesstrafe vor die Presse. Im Kern berechtigte Lustrationen gegen die postkommunistische Linke, die sich in Korruptionsaffären verstrickt hatte, verströmen zunehmend einen inquisitorischen Geist.

Suchzyn sitzt am Tresen, trinkt ein letztes Bier. Es ist leer geworden in der Kneipe, die Perücke hängt an einem Haken, die letzten Gläser werden gespült, die Musik ist verklungen. Suchzyn sagt mit einem müden Blick: »Jeder hat doch nur ein Leben.« Und seines sei in schon so jungen Jahren gescheitert. Es sind diese ganz einfachen Sätze, die er vor sich hin sagt: »Irgendwo muß es doch einen Platz für mich geben.« Existentielles läßt sich nicht in geschwungene Prosa packen, seine Sätze klingen nackt, ungehobelt, pathetisch: »Was mich am Leben hält, ist die Angst.«

Ein neuer Morgen, dicke Schneeflocken hüllen die Stadt ein, auch das gläserne Hochhaus auf der anderen Weichselseite, in dem sich die Fernsehstation Polsat befindet. Polsat ist das polnische Äquivalent zu RTL. Alexej Suchzyn ist noch ein wenig verkatert, sieht blasser aus als einen Tag zuvor, reibt sich die Hände. Adam Bogorya-Zakrzewski holt ihn ab, macht in seinem Großraumbüro Kaffee. Bogoryja-Zakrzewski ist ein

Redakteur des TV-Magazins »Interwencja«, das jeden Abend Reportagen zeigt; er hat einen siebenminütigen Film über Alexej Suchzyn gedreht. Er spielt ihn ab, Suchzyn eilt darin durch Warschau, auch Węgrzyn von der Flüchtlingsbehörde kommt darin vor, zwischendurch werden tschetschenische Partisanen und Kriegsopfer eingeblendet. Aus dem Off ertönt eine Stimme, die Suchzyns Leben erzählt.

Man hatte, bevor der Film gezeigt wurde, einige Szenen herausschneiden müssen, erzählt der polnische Journalist. Die Szenen, die um Suchzyns Homosexualität kreisen. Derartige Themen verhindere derzeit jeder Programmchef, der Imageschaden wäre enorm: »Das war vor zwei, drei Jahren noch anders.«

Und Bogorya-Zakrzewski erzählt, daß die postkommunistische Linke ein Gesetz für »eingetragene Partnerschaften« vorbereitet hatte. Da war sie noch an der Macht. Die gesellschaftliche Debatte war verhältnismäßig leise, der Klerus und die rechten Parteien im Parlament protestierten, aber man wähnte sich am Puls der Zeit, man wollte mit anderen westeuropäischen Staaten gleichziehen. »Irgend etwas«, sagt Bogorya-Zakrzewski und blickt mich sehr ratlos an, »hat sich in diesem Land verändert.«

Alexej Suchzyn überquert die Weichselbrücke, er ist auf dem Rückweg zu seinem Versteck, nachmittags wird er Schülern Nachhilfeunterricht geben. Schwarz. In Russisch. Eine kleine Einkommensquelle. Durch dichten Schnee blickt er auf den Pałac Kultury der Warschauer Skyline. »Ich dachte damals, als ich im Zug saß«, sagt Suchzyn, »Polen ist ein europäisches, ein offenes Land.« Dann fällt ihm der Satz ein, den er bereits am Vortag sagte, und er lacht, laut, gespenstisch: »Eigentlich gibt es mich gar nicht.«

Es gibt ihn, aber er heißt nicht Alexej Suchzyn. Er trägt einen anderen Namen, man sollte ihn besser nicht abdrucken. Die Weichselbrücke schwingt unter seinen Beinen, erst langsam, dann immer heftiger. Man hört das metallische Gleiten der Tram, die den breiten Fluß überquert.

Und ich beschließe, der Gegenwart Warschaus für eine Weile den Rücken zu kehren. Warschau hat mir seine strahlendsten Seiten gezeigt und am Ende seine häßlichen, seine unschuldigen und seine sündigen. In Gedanken fliehe ich an die Masurische Seenplatte meiner Kindheit. In die Zeit, als Leon noch lebte, mein Großvater, und auch Maria, meine Großmutter.

9
DIE GÄNSE

EINES TAGES WAR DAS HIRSCHGEWEIH WEG. Mein Großvater Leon stand in seinem Wohnzimmer, blickte auf die leere Wand und schraubte eine Flasche schwarzgebrannten Wodka auf. Er fixierte den weißen Fleck, der sich deutlich von der nikotingelben Tapete abhob, und begann zu trinken; ein Getränk, das so scharf war, daß meine Großmutter Maria es für gewöhnlich vorzog, sich damit die Beine einzureiben. Sie hatte ihn hintergangen. Soviel war klar.

Es mußte am frühen Morgen passiert sein, als er die Schweine mästete. Da hat Maria das Geweih von der Wand genommen und es heimlich ins Pfarrhaus getragen. Priester Szubski, der in Biskupiec residierte, liebte Hirschgeweihe, und Maria wollte von Priester Szubski geliebt werden. Als Zeichen seiner Liebe und als Dank für das Hirschgeweih machte er Maria zur zweitmächtigsten Frau von Biskupiec.

Biskupiec ist eine 500-Seelen-Gemeinde an der Masurischen Seenplatte im Nordosten Polens. Dort verbrachte ich die Sommermonate, und dort wurde meine

Großmutter zur Kirchenfrau ernannt, fortan zuständig für das Schmücken des Altarraums, für das Putzen der Dorfkirche, für die Leichenwäsche und für die Mahlzeiten bei Hochzeiten. Nur dem Priester und seiner Haushälterin untertan, war sie eine respektable Persönlichkeit.

Der ehemals mächtige Familienpatriarch Leon hingegen war zur Josephs-Figur degradiert worden und trank seit dem Diebstahl seines Hirschgeweihs, das von der Jagdleidenschaft seines Vaters zeugte, regelmäßig und in rauhen Mengen Wodka.

Maria war sich keiner Schuld bewußt. Sie behauptete, sie handele im Auftrag Christi, und da dieser im Himmel ihre irdischen Geschenke nicht in Empfang nehmen könne, bleibe ihr nichts anderes übrig, als seine Stellvertreter auf Erden zu beglücken. Der erste Stellvertreter Gottes war der Papst, er hing im Schlafzimmer, eingefaßt in einen dicken Holzrahmen. Man sah darauf, wie er mit seiner weißen Soutane in der Hohen Tatra kraxelte. Doch da Karol Wojtyła nicht mehr in Polen, sondern bereits in Rom weilte, nahm Priester Szubski die Liebesgaben Marias entgegen.

Der Papst meiner Kindheit schwebte über den Dingen, er ordnete das Dorfleben und war eine mythenumrankte Figur. Ich erinnere mich gut an die Sommermonate des Jahres 1981. Ich war sechs Jahre alt, bald würden meine Eltern mit mir nach Deutschland auswandern, und wir verbrachten die letzten Ferien bei meinen Großeltern. Tanten, Onkel und eine mir bis heute unüberschaubar große Anzahl an Cousins und Cousinen waren um den Wohnzimmertisch versammelt.

Alle wußten, wir würden uns lange nicht wiedersehen. Würden wir uns überhaupt je wiedersehen? Das scharfe Zeug meines Großvaters machte die Runde, und Maria wurde melancholisch. Sie sagte, daß Gott mit uns sei, egal, wohin wir führen. Und daß der Papst ja auch fortgegangen sei und sie den Papst trotzdem liebe, obwohl er so weit weg sei. Und schließlich, daß sie uns auch dann weiter lieben würde, sollten wir nicht mehr da sein.

Sie schaffte immer den Erzählbogen zum Papst. Und dann gab sie die Geschichte zum besten, die damals fast jede polnische Großmutter in jedem polnischen Dorf erzählte. Es war die Geschichte von der Frau (jedes Dorf hatte seine eigene), die schon vor Jahrzehnten ganz genau wußte, daß bald ein polnischer Papst im Vatikan residieren sollte und daß dieser dann sehr, sehr lange leben würde. Diese Geschichte schien mir unhinterfragbar wahr. Eine weitere Geschichte schloß sich an. Emilia Wojtyła, die Mutter des Papstes, soll eines Tages ihren Sohn durch den Heimatort Wadowice geschoben haben; immer wieder habe sie auf den ärmlichen Kinderwagen gezeigt und den Nachbarn verkündet: »Wartet nur, mein Kind wird eines Tages ein ganz großer Mann werden.«

Wojtyła wurde in Polen übergroß, und zwar ohne die heutigen massenmedialen Verbreitungsmöglichkeiten. Der Papst war im kommunistischen Staatsfernsehen nicht häufig zu sehen, es übertrug lieber graue Parteitage. Karol Wojtyła kannte ich vor allem aus Erzählungen und von Fotografien, die Schlaf- und Wohnzimmer zierten und die im Vorbeigehen mit einem Kreuzzeichen bedacht wurden. Geschichten über den Papst schienen mir über einen unsichtbaren Äther verbreitet, über die wolkenlose Weite des Himmels, der die Fama seines Pontifikats nach Biskupiec trug. Den Alten half er, damit klarzukommen, was sie selbst Schlimmes im Krieg erlebt hatten. Sprachen die Großeltern über den Krieg, über die Besatzungszeit unter den Deutschen, dann schwang immer das Leben des jungen Wojtyła mit. Wie so viele von ihnen war auch er einst Zwangsarbeiter, der in einem Steinbruch hämmern mußte. »Meine Hände«, schrieb er in einem Gedicht, das meine Großmutter liebte, »sind eine Landschaft. Wenn sie aufreißen, dringt der Schmerz ihrer Wunden frei hervor wie ein Fluß.«

Mein Vater sorgte im Dorf für heftige Irritationen, da er eine deutschstämmige Protestantin geheiratet hatte. Er sympathisierte mit der jungen Solidarność-Generation. Für sie symbolisierte Wojtyła die antikommunistische Freiheitsliebe. Denn im fernen Danzig streikten die Arbeiter, und der Papst war ihr unsichtbarer Anführer.

Auch darüber sprach man im kleinen Biskupiec. Dort trieb der Papst die Menschen freilich nicht auf die Barrikaden, sondern in die Dorfkirche Jana Nepomucena. Meine Familie hatte dank Maria eine ganze Kirchenbank mieten dürfen. Sonntagmorgens sahen die Männer auf unserer Bank sehr bleich aus, trugen quadratisch-strenge Anzüge made in USSR, und ihr stechendes Eau de Cologne verdeckte nur notdürftig die Ausdünstungen nächtlicher Alkoholexzesse. Diese wurden unmittelbar nach dem Kirchgang im einzigen Lokal des Ortes, in der Jutrzenka, fortgesetzt. Die Sünden des Alltags wurden von der Ablaßdoktrin des Papstes gedeckt. Nie erwies er sich als sonderlich streng, stets lächelte er von den eingerahmten Bildern auf die Menschen herab.

Womöglich hat der Papst zwei Körper. Einen weltlich-sterblichen und einen göttlich-unsterblichen, wie der Historiker Ernst H. Kantorowicz behauptet. Der sterbliche Papstkörper, so Kantorowicz, sei immer nur als raumzeitliche Inkarnation eines unsterblichen und fiktiven Papstes begreifbar. Im Polen meiner Kindheit waren die beiden Körper des Papstes verschmolzen. Denn Wojtyła war schon zu Lebzeiten ein Heiliger, um den sich Legenden rankten. Seine Biographie kannte jeder auswendig, fügte aber gerne das eine oder andere hinzu. Er war ein enger Vertrauter, und doch war das Leben, das er im fernen Rom führte, weitestgehend unbekannt. Manchmal dachte ich, als ich mit Kinderaugen sein Bild an der Schlafzimmerwand meiner Großeltern betrachtete, Wojtyła sei ein innig geliebtes, aber längst verstorbenes Familienmitglied.

Die Welt wurde bunt, der Papst wurde es auch. Plötzlich bewegte er sich, ich sah, wie er im Papamobil den Massen entgegenwinkte, wie er mit weit ausgebreiteten Armen Gottesdienste zelebrierte, aus einem Flugzeug stieg und den staubigen Asphalt fast jedes Landes auf der Welt küßte. In Deutschland war mir Karol Wojtyła fremd geworden. Er war aus Fleisch und Blut, war ununterbrochen auf allen Kanälen zu sehen, und er begann, die Bilder meiner Kindheit zu löschen. Als wäre die Vergangenheit eine Lüge.

Ich war fest entschlossen, die päpstliche Bilderflut von nun an genauso auszumerzen wie meinen polnischen Akzent. Es war mir peinlich, daß er zu Weihnachten und Ostern unser Wohnzimmer beschallte, und es war mir zuwider, daß mein Vater sich ein kleines Papstbild ins Auto klebte. Ich belächelte ihn sogar, denn es schien mir ein Kinderspiel, sich von der polnischen Vergangenheit zu lösen. Dem Papst habe ich seither mißtraut; die gestrige Sexualmoral und das Zölibat, Weihrauchschwaden und Rosenkränze waren in meiner deutschen Jugend wenig attraktiv.

Ich mußte erwachsen werden, um wieder häufiger nach Polen zu fahren, die steinigen Feldstraßen wieder hinauf nach Biskupiec. Und wenn ich an der backsteinfarbenen Dorfkirche entlanglaufe, die noch genausogut besucht wird wie die Jutrzenka, und das verwitterte

Doppelgrab meiner Großeltern aufsuche, dann werde ich doch noch heimgesucht. Von dem Papst aus Polen.

Der Tod war mir erstmals in Biskupiec begegnet. 1985. In Gestalt meines Großvaters. Er lag im Schlafzimmer. Draußen strahlte die Sonne auf das Dorf, nur flüchtige Wolken hinterließen ein Schattenspiel auf den staubigen Straßen.

Wir waren nach Polen geeilt, nachdem uns ein Telegramm erreicht hatte, mit den kargen Zeilen: »Dziadek umiera« – »Großvater stirbt.«

Zwei Tage später stand ich am offenen Sarg, blickte in Großvater Leons blasses Gesicht. Seine Hände waren gefaltet, seine Augen tief verschlossen. Er sah zornig aus, er war nicht friedlich gestorben.

Maria hatte ihn gewaschen, wenige Stunden zuvor, und ihn in seinen besten Anzug gesteckt. Nun standen alle um ihn herum, seine vier Kinder, die Schar der Enkel. Tante Ania weinte, meine Eltern blickten Leon, wie mir schien, bedeutungsleer an, und Onkel Tadek hatte eine Schweißschicht auf seiner Stirn, die er sich in regelmäßigen Abständen wegwischte. An der Wand hing neben dem Bild, auf dem der Papst im Gebirge wanderte, ein großes Gemälde, das Jesus mit weit ausgebreiteten Armen zeigte. Im Hintergrund versank darauf die Sonne, die gleichsam seinen Heiligenkranz darstellte. Man schwieg, Tante Ania, eine kleine Frau mit schwarzen Locken, hatte ihr Schluchzen unterbrochen. Denn ein Fotograf, den man bestellt hatte, bannte uns zusammen mit dem Toten in Bilder.

Maria, in einem engen, schwarzen Kleid, das ihre Körperfülle betonte, betete Rosenkränze. Über Stunden. Leon würde drei Tage hier im Schlafzimmer liegen bleiben. So war es üblich im Dorf. So wollte es auch Maria, die Leon immer wieder, drei Tage lang, über die gefalteten Hände strich. So, als sei er noch am Leben. Niemals allerdings hatte ich gesehen, daß sie dies jemals zu seinen Lebzeiten getan hatte.

Vor dem Haus, dort, wo die Hühner begierig nach Körnern pickten, die Großvater Leon immer in großem Bogen zu verstreuen pflegte, hatte ihn der Schlag getroffen. Maria erzählte, dem Leichnam zunickend, Großvater habe, kurz bevor er auf die Erde sank, einen Moment lang noch wegziehenden Wolken hinterhergeschaut. Sie habe ihn dabei vom Fenster aus gesehen. Niemand zweifelte daran. Und sie zeigte dabei mit ihrem rechten Zeigefinger, der sehr zitterte, an die Zimmerdecke. Dann schlug sie ein Kreuz, und ihre zerfurchten Finger tasteten sich weiter den Rosenkranz voran.

Abends wurde die Schlafzimmertür geschlossen. Wir saßen im Wohnzimmer, den hellen Abdruck des Hirschgeweihes vor Augen. Der Tod lag nur ein Zimmer weiter. Und ich stellte mir vor, daß Großvater Leon nun, von uns unbeobachtet, die Augen öffnete, die Hand ausstreckte, aufstand und ins Wohnzimmer trat.

Der Tod hat etwas Unfaßbares, man glaubt ihm nicht. Ich fixierte die Türklinke, die jeden Moment heruntergedrückt werden könnte. Sie rührte sich nicht.

Die Erwachsenen tranken. Tadek saß vor Leons selbstgebranntem Wodka. Dem Wodka, der niemals wieder von Leon gebrannt werden würde, der nun rasch die Kehlen hinabrann.

Tadek war der jüngste Sohn meiner Großeltern, 30 Jahre alt, das letzte der Kinder, das im Dorf geblieben war. Ein Junggeselle, ein kleiner, dürrer Mann, den der Alkohol ans Dorf gefesselt hatte. Die Jutrzenka, die Dorfkneipe, war zu seinem zweiten Wohnzimmer geworden, Nachbarn schleiften ihn allabendlich ins Haus, ohrfeigten ihn auf dem Sofa, bis er imstande war, sich auszuziehen. Dann beschwerte sich Tadek, daß er geschlagen worden war, sehr laut beschwerte er sich und ballte die Faust, und seine Augen wußten nicht, was sie fixieren sollten, tasteten hastig die Gegenstände des Wohnzimmers ab, den Fernseher, das Fenster, den Tisch, unkontrollierbar. Und glücklich schien er dann, als der Schlaf ihn mitnahm, fortzog aus dem Delirium, in das er geraten war, jeden Abend.

Alle anderen Kinder meiner Großeltern waren in die Welt geeilt, nach Danzig, nach Ostróda, nach Deutschland. Tadek blieb, Tadek trank, sein Körper war sehnig, und sein blonder Oberlippenbart war struppig und dicht. Er fuhr manchmal mit einem laut ratternden Moped an den naheliegenden See, um Aale zu fangen.

Wenn dieser zugefroren war, fuhr er über das Eis, kippte um, stand wieder auf, fuhr weiter, grundlos, sich die Zeit vertreibend. Mehr war auch nicht zu tun, die fünf Stunden im Klärwerk, die er abzuarbeiten hatte, tagaus, tagein, in einem nahegelegenen Nachbarort, zogen träge und dumpf an ihm vorbei, und die einzige Frau, die ihn damals begehrte, lebte in Rußland. Er hatte sie einst in Kursk kennengelernt, wo er als Gastarbeiter ein Jahr lang in einem Kernkraftwerk arbeitete. Er hatte ein Bündel Briefe, seit Jahren kamen keine neuen hinzu. Aber er sagte, mit fester Stimme, einer noch würde ihn ganz sicher eines Tages erreichen.

Manchmal, scherzhaft, sprach er davon, daß er ein Kind mit ihr haben könnte. Mit dieser Frau. Man wisse es nie so genau. Doch trotz der Liebesgeschichte, die er erzählte, wenn die Sprache auf Rußland kam, erschien mir das Land, das er beschrieb, von unendlicher Grausamkeit. Denn er war ein Geschichtenerzähler, und er wußte, daß jeder Idylle eine Mordgeschichte folgen mußte. Und so sprach er davon, daß in einer Kneipe in Kursk ein polnischer Arbeiter aus Eifersucht einen Russen erstach. Und daß dieser Pole verhaftet wurde und man ihn in einem Gefängnis so zurichtete, daß er, als ihn Tadek eines Tages besuchte, nur noch polnische Volkslieder sang, seiner Sinne beraubt, durch Schläge auf seinen glattrasierten Schädel. Und Tadek schloß seine Erzählung vom wilden Rußland zumeist damit ab, daß er sagte: »So sind sie, die Russen.«

So saßen wir oft im Wohnzimmer, und ich wußte, daß er es genoß, wenn ich mich fürchtete. Ich sah ihn, die Messerstecherei vor Augen, erschrocken an. Er blickte väterlich zurück. Natürlich fürchtete ich mich nicht wirklich, wußte, daß er log, daß die Sache mit der Messerstecherei zumindest übertrieben war. Vermutlich ahnte er wiederum, daß ich meinen Schrecken nur vorgab. Doch in dieser gemeinsamen Lüge ließ es sich gut leben.

Ein Jahr vor seinem Tod hatte uns Großvater Leon in Koblenz besucht. Mit einer braunen Ledertasche, in der hartgekochte Eier und Butterstullen steckten, die er auf der Reise verschmäht hatte. Er sei zu aufgeregt gewesen, sagte er, um zu essen. Die Bilder, die am Zugfenster an ihm vorbeizogen, die reichen deutschen Bauerngehöfte, die soliden Fabriken, die der Zug passierte, hatten ihn gefesselt.

Sein Dorf hatte er nur einmal zuvor verlassen: als er gegen die Deutschen kämpfte. Das war lange her. Und er sprach nicht darüber. Seit er aus der Kriegsgefangenschaft zurückgekehrt war, legte er über jene Zeit ein eisiges Schweigen. Auch die Opfer schwiegen, das lernte man in Polen, sehr eisern. Mein Vater, als ich ihn einmal fragte, weshalb Leon eine Glatze hatte, sagte, das komme vom Stahlhelm. Männer, die Stahlhelme trügen, bekämen ganz schnell, schon in ihrer Jugend, eine Glatze. Das war das einzige, was ich über Leons Soldatendasein jemals erfuhr.

Leons Leben bestand aus den Feldern um das Dorf herum, dem Schilf an den Seen, den Schweinen, die in den Ställen quieken und die er genauso gerne mästete, wie er sie zu schlachten begehrte. Es bestand aus den Hühnern, die er jeden Tag fütterte, und aus einem zugefrorenen See am Dorfende, auf dem seine Augen im Winter ruhten.

Mutter war es peinlich, daß Leon nun da war, in Koblenz, daß er sich in unserer westdeutschen Zweizimmerwohnung ausbreitete. Hartgekochte Eier kullerten auf den Küchentisch, die Leon aus seiner Tasche hervorgezogen hatte. Die Eier, die ihm Maria eingepackt hatte und die er auf der Reise verschmäht hatte. Mutter mochte es nicht, daß er nach billigem Wodka roch, nach billigem Rasierwasser, daß er billige Anzüge trug. Und daß ihn die deutschen Nachbarn sahen, diesen glatzköpfigen, schlecht rasierten Mann aus dem Osten, der sich die Zigaretten bereits im Hausflur anzuzünden pflegte. Seine Gegenwart verwies auf unsere Vergangenheit. Und Mutter wollte die Vergangenheit weit hinter sich lassen.

Ich erinnere mich daran, daß ich, als Leon uns besuchte, mit ihm einkaufen ging. Daß ich mich auch zu schämen begonnen hatte. Daß ich einen Sicherheitsabstand wahrte, als er neben mir herging auf der Straße zum Supermarkt und Leon mich fragte, weshalb ich so weit weg sei. Und ich erinnere mich, daß ich ihm entweichen wollte und mich dafür ihm gegenüber schuldig fühlte. Doch daß die Scham, zusammen mit ihm von Freunden und Nachbarn gesehen zu werden, mit ihm, dem armen polnischen Großvater, stärker war als jedes Schuldgefühl. Denn glitzernd war die neue Welt, in die ich geraten war, und löchrig war Leons Anzug, und wenn er den Mund öffnete, zeigten sich Zahnlücken, die niemand sehen sollte.

Das fiel mir ein, als Leon im Sarg lag, und mich plagte ein schlechtes Gewissen. Denn das hatte ich ihm noch sagen wollen: daß die Ferne, die ich suchte, als ich neben ihm herging, eine Sünde war. Dann wieder hoffte ich, daß er sich an mein Verhalten ohnehin nicht mehr erinnern konnte. Und ich fragte mich plötzlich, ob er sich wohl als Geist, jetzt, da er tot war, selbst wenn er die Episode zu Lebzeiten vergessen hatte, um so besser an sie erinnern könnte. Und mit einem Mal war mir klar, daß solche etwas abwegigen Gedanken nur die Trauer zu erzeugen vermag.

Als Leon beerdigt wurde, folgte der Trauerzug mit Priester Szubski. Großvater wurde in die Tiefe gelassen. Szubski sprach vom Papst, wie dieser im fernen Rom an uns dachte; und davon, daß wir allesamt Sünder seien, er wiederholte es mit zitternder Stimme: »Allesamt!« Und daß wir bald schon ins Himmelreich gelangen oder in die tiefste, glühendste Hölle hinabfahren würden. Und er sagte, daß Leon ertragreich mit den Schweinen und sorgsam mit den Feldern umgegangen sei.

Maria blickte abwechselnd auf Priester Szubski und

auf den hölzernen Sarg in der Erde, und manchmal wandten sich ihre Augen auch zum großen Holzkreuz, das mitten auf dem Friedhof aufgestellt war. Und um das Kreuz hingen Äpfel an Bäumen, eine schwere Last, die augenblicklich von den Ästen herabzufallen drohte.

Hinterher gingen alle in die Jutrzenka, und es gab Suppe mit Fleischklößchen. Und danach Schnitzel und Speiseeis, und ich erinnere mich, daß Tadek nach Hause getragen wurde und daß meine Eltern die Predigt lobten und daß Maria die darauffolgenden Abende die Zimmer ihres kleinen Hauses durchschritt. In einem schleppenden Gang. Und daß sie dabei sagte, daß sie Leon höre, daß er ihr immerzu etwas sage. Eines Nachmittags erzählte sie, daß sie vor wenigen Stunden vergessen habe, das Bügeleisen auszustellen, und nur durch Leon, der sie darauf als Geist aufmerksam gemacht habe, ja, nur durch ihn, eine schlimme Feuersbrunst habe verhindert werden können. Die Schürze habe beinahe schon, unter dem glühenden Eisen, das auf ihr lag, zu brennen begonnen. Niemand zweifelte daran.

Als die Söhne und Töchter sich am letzten, verbliebenen Wodka Leons labten, lag er noch wenige Schritte neben ihnen im Zimmer. Eine dichte Wolkendecke hüllte das Dorf ein, verbarg die Sterne. Es war Nacht. Der Abort lag außerhalb des kleinen Hauses meiner Großeltern, am Rande eines Ackers. Ich tastete mich an der Hauswand entlang, an den Hühnerställen vorbei, langsam hin zu der Holzhütte, in der man die Notdurft verrichtete.

Kurz bevor man hineintrat in den Verschlag, der auf einer leichten Anhöhe montiert war, blickte man hinaus auf einen Acker. Die Kontur des Horizonts hob sich, der Dunkelheit wegen, nur durch einen sanften, in die Landschaft gezogenen Strich ab. Es roch nach Erde, als hätte sie jemand gerade umgegraben. Es war später Sommer, doch vom Herbst war noch nichts zu spüren; bleiern und schwer lag die Luft über Biskupiec. Und ich wollte gerade die Holztür öffnen, um mich des Drangs, den ich den gesamten Abend über schon unterdrückt hatte, zu entledigen, als es hell wurde und etwas mich blendete. Nur eine Taschenlampe, ich wußte es, ein Nachbar, der, nachdem er sein Geschäft verrichtet hatte, die Holztür öffnete und nach dem Weg suchte. Er sah mich überrascht an, aber ich rannte. Die Angst war da. Und ich rannte zurück ins Haus, wollte zurück nach Koblenz, nach Deutschland, dorthin, wo die bunten Geschäfte und die Süßwaren vom Leben kündeten. Und als ich eintrat, verschwitzt, wieder ins Wohnzimmer, da lachten alle, und Tadek hatte vor Lachen ganz feuchte, gerötete Augen und meine Mutter auch. Da hatten sie Anekdoten gefunden, aus Leons Zeit, und lachten über ihn, mit ihm, der nur wenige Meter neben ihnen lag, und Maria, ganz fröhlich, zeigte auf den hellen Fleck an der Wand, der so deutlich von der nikotingelben Tapete abstach.

Dann ging ich wieder hinaus, mit stoischem Gesichtsausdruck, zu den Holzhütten, um zu erledigen, was definitiv nicht mehr aufzuschieben war.

Zwei Tage nach der Beerdigung, am letzten Abend, bevor wir wieder zurück nach Koblenz fahren sollten, mußte Tadek meine Mutter anhauchen. Sie wollte sichergehen, daß er nichts getrunken hatte. Er hatte nichts getrunken. Denn er nahm mich an diesem Abend auf seinem Moped mit zum Angeln. Ich umklammerte auf dem Weg zum See seinen Bauch, ich glaubte, wir würden jeden Moment stürzen, auf den holprigen Feldstraßen, die dorthin führten. Ich verfolgte die kleinen Steine, die vom rasenden Vorderrad hinwegkatapultiert wurden. Ich sah uns mehrmals im Straßengraben liegen. Doch wir saßen nur eine Viertelstunde später im Schilf, nachdem Tadek seine Angelgeräte aufgebaut hatte, wartend, daß ein Fisch anbiß.

Und wieder logen wir uns an. Tadek erzählte eine Geschichte. Es war die Geschichte von den Gänsen, die gestohlen wurden eines Nachts, vor Jahren schon, von Räubern, und die nach Rußland verkauft wurden. Und dies sei der Grund, weshalb es in Biskupiec kaum noch Gänse gebe. Früher habe es sehr viele Gänse gegeben. Es waren Räuber, die einem Herrn Sławomir untertan waren, dem Herrn einer Schattenwelt, der die Gänse in Soldaten verwandelte, die eines Tages Polen überfallen würden. Und ich blickte ihn erschrocken an. Und er ahnte, daß ich meine Furcht nur vorgab. Doch er ließ sich nichts anmerken und drehte einen Flachmann auf und trank, bis er einschlief, und auch ich schlief bald ein.

Und als wir geweckt wurden von den ersten Sonnenstrahlen, die unsere Haut röteten, eilten wir, rasten wir über die Feldstraßen hinweg, und ich hatte keine Angst mehr. Wir eilten, da meine Eltern, reisefertig, vor unserem VW Passat auf mich warteten, und Vater trank einen letzten Kaffee, und Maria schlug Kreuze, um uns eine gute Heimfahrt zu wünschen, und schenkte uns ein neues Papstbild, das Vater neben das alte ins Auto klebte. Mutter blickte erleichtert, als sie mich lebendig sah, und wir fuhren in das Land, das, so sagte es Vater, unsere »Heimat« sei. Und als wir die Grenzer passiert hatten, die an der Oder und die an der deutsch-deutschen Grenze, da waren die Städte, die an uns vorbeizogen, auf einmal hell erleuchtet, und die Straßen waren so eben, und der Passat glitt reibungslos über den Asphalt. Und Vater sagte: »Siehst du, bald sind wir wieder in Koblenz.« Da war es mir fast, als müßte ich mich freuen.

10
DIE MASUREN

»ES FÄHRT EIN: Der Expreß-Zug nach Iława Główna. Abfahrt 11 Uhr 05«, erklingt es aus den Lautsprechern.

Warschau verlasse ich nach meiner Begegnung mit Alexej Suchzyn nicht nur in Gedanken. Ich habe meinen Koffer gepackt, dem Portier des Hotels Europejski zum Abschied zugenickt und stehe nun auf Gleis 2 des Bahnhofs Warszawa Centralna, eine Zapiekanka essend. Zapiekanka ist eine noch in kommunistischer Mangelwirtschaft erfundene, längliche Ersatzpizza aus sehr dickem Hefeteig, an deren Rändern das Ketchup stets herabtropft. Sie hat die Wende genauso überlebt wie die Krówki-Bonbons meiner Kindheit und die Milchbars, in denen man subventionierte Mittagsgerichte bekommt.

Hinauf in den Norden würde ich fahren. Über Iława nach Ostróda, einer kleinen Kreisstadt in den Masuren, zu Onkel Tadek, der nun dort lebt. Ostróda ist nur 20 Kilometer von Biskupiec, dem alten Heimatort meiner Großeltern, entfernt. Weniges nur habe ich vor meiner Reise über Tadeks weiteres Leben in Erfahrung gebracht. Hin und wieder, in Koblenz, erhielten wir Briefe von Tante Ania. Tadek sei, schrieb sie, nach dem Tod meiner Großeltern völlig dem Alkohol verfallen. Er zittere heftig, am ganzen Leib, sobald er nur einen Abend beabsichtige, einen klaren Kopf zu bewahren. Er sei auch bei einem seiner Angelausflüge fast erfroren, denn er war eingeschlafen eines Nachts am vereisten See. Und man habe ihn, schrieb Tante Ania, in einem Krankenhaus hektisch zum Leben wiedererwecken müssen. Mit dem Resultat, daß er noch an dem Tag, als er aus der Klinik wieder entlassen wurde, sich in der Jutrzenka, der Dorfkneipe, in eine kleinere Rangelei verwickelte. Niemand wußte, weshalb er sich mit drei Bekannten gestritten hatte. Auch den Beteiligten war der Anlaß am nächsten Morgen nicht mehr sonderlich genau erinnerlich. Und Tadek wankte seither, berichtete Ania weiter, mit einer Gipsbandage, die seinen linken Arm verhüllte, durch Biskupiec. Einer seiner Bekannten, die mit ihm gemeinsam an diesem unheilvollen Abend zusammensaßen und Karten spielten, lief hingegen mit einem blutunterlaufenen Auge umher. Und somit gaben die beiden, schrieb Tante Ania trocken, mit ihren korrespondierenden Verletzungen Anlaß für spöttische Bemerkungen der übrigen Dorfbewohner, die nicht unrichtig schlossen, das blaue Auge und der bandagierte Arm könnten in einem handfesten Kausalverhältnis zueinander stehen.

Ich steige in den Zug: keine Großraumwagen, sondern die kleinen, in Deutschland beinahe schon in Vergessenheit geratenen Abteile. Ich finde ein unbesetztes, mir ist nicht nach Reden zumute. Den Gang läuft ein gebückter, alter Mann entlang, der in regelmäßigen Abständen laut »piwo!« schreit, »Bier!«, im fleckigen Mantel, die Haare verwildert, die Haut zerfurcht und dunkel, als hätte er gerade einen sehr langen Sommer mit Feldarbeit hinter sich gebracht. Doch das Land, das vorbeizieht, ruckelnd und schwer, hält der Winter seit langem fest umklammert. Bauerngehöfte, verfallene, ziehen am Zugfenster vorbei, eine flache, unaufgeregte Landschaft: die Häuser aus rotem Backstein, die, jeweils mit einem angrenzenden Acker versehen, in großem Abstand voneinander errichtet worden waren. Sie erinnern an verlassene Trutzburgen, in der Kälte ist niemand auf den Straßen zu sehen.

Dieses Land. Ich erinnere mich, daß in meinem Stammbaum, obgleich über ihn niemand jemals Buch geführt hat, deutsche und polnische Nachnamen sich verzweigten. Mein Großvater mütterlicherseits etwa hieß zwar Wiczinski und hatte polnische Vorfahren, begriff sich aber, nicht ohne Stolz, als Preuße. Biskupiec gehörte vor dem Zweiten Weltkrieg, unmittelbar an der Grenze östlich des polnischen Korridors gelegen, Ostpreußen an. Der Korridor hatte, als Folge des Versailler Vertrages, Polen einen Zugang zum Meer verschafft, er trennte Ost- und Westpreußen voneinander. Direkt an der Grenze wohnend, verschwammen die Namen und die Nationalitäten der Bewohner ohnehin, die Löbischs und Soboczynskis, die Wiczinskis und Harnischs durchdrangen unsere Genealogien: Die meisten Deutschen hatten auch polnische Verwandte und umgekehrt. So oft hatten bereits Fürsten und Großmächte die Grenzen in jener Gegend willkürlich verschoben, daß Pässen, ausgestellt von welcher Regierung auch immer, eine lediglich formale Aussagekraft innewohnte. Und mir schien, als ich in Iława einen kurzen Aufenthalt hatte und in der kargen Bahnhofskneipe einen polnischen Kaffee trank, der stark war und sehr bitter schmeckte, daß sich die Geschichte an mir selbst fortschrieb. Bis heute. Denn es wäre in jedem Fall eine Lüge gewesen, hätte ich eine bestimmte Antwort auf die oft gestellte Frage gegeben, zu wem ich denn nun hielte bei der Fußballweltmeisterschaft im nahenden Sommer: zu den Polen oder zu den Deutschen.

Ostródas Bevölkerung wurde nach dem Zweiten Weltkrieg fast vollständig ausgetauscht. Die Deutschen wurden vertrieben. Es siedelten sich hier nun Polen an, die wiederum aus dem Osten, von Stalin, vertrieben worden waren. Daher plante ich, in Ostróda nicht nur Tadek wiederzusehen, sondern wollte auch Krystyna Brüske treffen. Krystyna Brüske, so hatte ich einem Brief Tante Anias entnommen, sei einst aus Litauen nach Ostróda vertrieben worden; eine ältere Dame, die sich kurioserweise vehement für die Erinnerung an die einstigen Deutschen in Ostróda engagiert. Frau Brüske schien mir, einer dunklen Vorahnung folgend, für die Gegend, aus der ich stammte, eine Art Schlüssel zu sein.

Sie erwartet mich bereits, diese zierliche Dame, die ein buntes Halstuch trägt, Hausschlappen und einen weiten, grauen Pullover, der ihre Cordhose bis zu den Knien bedeckt. Ihr Gesicht, obgleich faltenreich, hat die Aufgewecktheit eines jungen Mädchens, das auf Spielgerüsten turnt. Sie mustert mich mit einem wachen Blick und grüßt mit einem festen Handschlag.

Wir stehen an der Türschwelle ihres kleinen Hauses. Frau Brüske erzählt sogleich eine Anekdote, sagt, daß es jetzt über zwei Jahre her ist, als ein Deutscher an ihrer Tür klopfte. An einem kalten, verregneten Herbsttag, nachmittags. Ein alter Mann um die Siebzig bat um Einlaß. Er würde gerne das Haus fotografieren, sagte er. Bitte auch das Wohnzimmer. Und den Kachelofen. Krystyna Brüske hatte ihn nie zuvor gesehen, und sie wußte doch genau, wer er war: der Enkel des alten Gladkowski.

Den alten Gladkowski hatte sie als Mädchen kurz nach dem Ende des Zweiten Weltkrieges kennengelernt. Und wohl auch noch seinen Enkel, der sie nun besuchte, auch wenn sie sich ausgerechnet an ihn nicht erinnern konnte. In eben jenem Haus, das er nun mit einer Spiegelreflexkamera betrat, hatte sie den alten Gladkowski einst die Koffer packen sehen. Gladkowski war der letzte seiner Familie, der hier im ostpreußischen

Osterode übriggeblieben war. Er hielt als Familienoberhaupt die Stellung, als die Rote Armee über Ostpreußen hinwegrollte und die Deutschen in überfüllten Zügen oder auf Planwagen nach Westen zogen. 14 Millionen flohen vor den sowjetischen Soldaten oder wurden zwangsumgesiedelt, Gladkowski blieb. Schließlich wurde auch er müde, vom Krieg gezeichnet, packte er 1949 die Koffer. Und machte sich auf in den Westen. Ins Ruhrgebiet.

So zogen die Brüskes aus Litauen in das Haus der Gladkowskis. Hier, an der Masurischen Seenplatte, fanden sie eine neue Heimat. Mann, Frau, Kind, endlich Frieden und das bißchen Glück. »Wir waren erlöst«, sagt Krystyna Brüske, »über unseren Köpfen regneten keine Bomben mehr nieder.«

Und nach all den Jahren, die seit dem Krieg ins Land gegangen waren, kam es nun zu der Begegnung mit dem einstigen Bewohner ihres Hauses. Zielstrebig suchte er den Kachelofen. »Ist dies noch der alte Ofen?« habe er sie gefragt, erinnert sich Krystyna Brüske. »Und heizt er noch?« fragte er. »Er heizt noch«, sagte sie. »Wissen Sie«, sagte Gladkowski, »er hat mich damals gewärmt.« »Er wärmt mich immer noch«, sagte Krystyna Brüske. Und als sie ihm Kaffee einschenkte, dem Gast aus Deutschland mit dem polnischen Namen, da fragte sie, die Polin litauischen Ursprungs mit dem deutschen Nachnamen, ob er gekommen sei, um sich das Haus zurückzuholen. »Gott bewahre«, wehrte Gladkowski ab. Er kam damals wohl tatsächlich nur, glaubt Krystyna Brüske, um noch einmal den Ofen zu sehen.

Auch die Brüskes waren vertrieben worden. Eine Bauernfamilie aus einem Vorort von Wilna. Nur weg von Stalin, hatten sie sich gesagt, als der sowjetische Diktator Litauen einnahm. Sie wußten, daß Stalin vorhatte, ganze Völker umzusiedeln. Und nach Sibirien wollten sie nicht. Wie die Brüskes zogen Millionen Vertriebene in die Häuser von Vertriebenen. Millionen Häuser wechselten über Nacht den Besitzer. So wie schon wenige Jahre zuvor, ab 1939, als nach dem deutschen Angriff auf Polen dem »Reichsführer SS« Heinrich Himmler die Germanisierung des Ostens übertragen wurde. In Ostpreußen sollte das »Großgermanische Reich« seinen Vorhof haben; bis zum Ural hätte es sich nach den nationalsozialistischen Visionen erstrecken sollen. Rigoros und innerhalb kürzester Zeit wurde aus den alten Reichsgebieten und dem annektierten Polen die polnische Bevölkerung deportiert, die Menschen kamen in den Westen Deutschlands oder nach Südpolen, in das sogenannte »Generalgouvernement«, und wurden als Zwangsarbeiter eingesetzt.

Etwa 50 Millionen Menschen der unterschiedlichsten Nationalitäten irrten zwischen 1939 und 1947 heimatlos durch Europa. Ein gigantisches Karussell gewissermaßen, ein Menschenkarussell, das Hitler und Stalin in Gang gesetzt hatten. Und Litauen stand dabei im Mittelpunkt: »Zuerst kamen die Sowjets«, erinnert sich

Krystyna Brüske, »und vertrieben die polnische Bevölkerung, dann kamen 1941 die Deutschen und töteten die Juden, im Herbst 44 war wieder die Rote Armee an der Reihe. Und zwischendurch kämpften Partisanen: von der litauischen Unabhängigkeitsbewegung, während der Hitlerzeit die sowjetischen Partisanen, während Stalins Herrschaft deutsche Partisanen. Am Ende war es uns egal, wer da durch die Büsche kroch. Wir wollten nur noch weg.«

Das alles erzählt Frau Brüske, nachdem wir uns in ihr Wohnzimmer auf die Couch gesetzt haben. Mit weit ausholenden Armbewegungen versinnbildlicht sie die Völkerwanderungen. Und so ziehen die Flüchtlinge mit Frau Brüskes zerfurchten Händen über eine imaginäre Landkarte, die in der Luft ihres Wohnzimmers hängt. Die Weltgeschichte scheint nun, nach so vielen Jahren, allein in ihrer Hand zu liegen. Immer wenn die Sprache auf den Bombenhagel zu sprechen kommt, blickt sie rasch nach oben und zuckt zusammen. So als seien die Detonationen knapp, just in diesem Augenblick, unmittelbar neben dem Haus eingeschlagen. Und als sie vom Kriegsende spricht und vom neuen Leben in einem neuen Haus, da blicke ich in das mädchenhafte, das strahlende Gesicht, das einen niemals endenden Sommer erwartet hatte, blicke in Sommersprossen auf einer Kindernase und sehe Murmeln, die vor diesem Haus von Kinderhand in eine ausgehobene Kuhle gerollt wurden. Und »Krystyna« mag Mutter zornig herausgerufen haben, am Fenster lehnend, zum drittenmal schon, als das Essen auf dem Tisch stand und zu erkalten drohte.

Zwei Katzen kratzen an der Fensterscheibe. Unterbrechen die Vergangenheit. Ich blicke mich um. An der Wand hängen zwei mächtige Hirschgeweihe. »Noch von meinem Vater«, sagt Frau Brüske. Draußen nieselt es. Der Regen ist der erste Vorbote des Frühlings. Es taut. Der Winter ist kalt gewesen, minus zehn, minus 20 Grad. Die Seen waren zugefroren. Jetzt kommen bereits die Touristen wieder, jedes dritte Auto auf der Straße hat ein deutsches Nummernschild. Und jedes Jahr kommen mehr. Von Ostróda aus zieht sich ein Meer aus Seen weit hinauf in den Nordosten Polens. Bis es dann irgendwann an Litauen stößt. Keine Autobahn zerschneidet das Land, keine Großstadt stört die Idylle, es sind die Störche, die den meisten Lärm machen. Ein halber Liter Bier kostet umgerechnet einen Euro, ein Schnitzel mit Sauerkraut zwei Euro. »Nur die Säufer stören bißl«, sagt später, als ich Frau Brüske verlassen hatte, ein untersetzter Besucher in Ostródas Innenstadt. Nachts würden die Polen an den Hauswänden entlangtorkeln. Aber bei einer Arbeitslosenquote von 25 Prozent sei das wohl normal. »Die kippen alles in sich hinein«, sagt er.

Krystyna Brüske öffnet das Fenster. Sie läßt die zwei Katzen herein. Die eine setzt sich auf ihren Schoß, die zweite läuft zum Futternapf. Es ist früher Nachmittag.

Frau Brüske schenkt uns Bier ein. Bevor sie weitererzählt, müsse sie erst eine Zigarette rauchen, sagt sie. Ihre Blicke wandern durchs Wohnzimmer. So wie jetzt, denkt man, muß es seit dem Herbst 1949, als der alte Gladkowski seine Koffer gepackt hatte, ausgesehen haben: ein zerschlissenes Sofa, die Fenster undicht, der knarrende Holzboden. Die Zeit wie konserviert.

»Es sind nicht nur Touristen, die hierherkommen. Viele kommen«, erzählt Frau Brüske, nachdem sie ihre Zigarette ausgedrückt hat, »um wieder einen Blick in ihre alten Häuser zu werfen.« Erst kürzlich sei eine deutsche Familie zu ihrer Nachbarin gekommen. Da habe diese die Herrschaften erst einmal ins Wohnzimmer gesetzt, sei kurz verschwunden und mit einer großen Gartenschaufel zurückgekehrt. »Grabt«, habe sie ihnen laut auf polnisch zugerufen. »Wenn ihr damals etwas verbuddelt habt, dann grabt. Ich habe nichts dagegen.« Die Deutschen, erzählt Krystyna Brüske und lacht dabei, die nichts verstanden haben, dachten, die Frau wolle sie erschlagen. Dabei sei der Vorschlag nicht einmal abwegig gewesen. Nicht wenige hatten, bevor sie wegzogen, ihre Wertsachen im Acker verbuddelt, in der Hoffnung, sie nach einer möglichen Wiederkehr zu bergen.

Als die junge Krystyna in den ersten Nachkriegsjahren zur Schule ging, nahm sie immer eine Abkürzung über deutsche Gräber. Großbürgerliche Grabanlagen, eine mächtige Allee, eine Kapelle, ein Spalier von Rosen befanden sich mitten im Zentrum der Stadt, in der Ulica Olsztyńska. Nach der Schulzeit hat Krystyna Brüske die Kleinstadt für eine Weile verlassen, um polnische Literatur zu studieren. Sie kehrte erst 1983 wieder zurück. Noch immer ist sie empört: Der Friedhof war zerstört, die Grabplatten waren für polnische Gräber entwendet worden, und das, was übriggeblieben war, das war heillos verwildert. »Wie kann man das machen?« fragt sie, sie fragt sich das noch immer, sie schüttelt den Kopf. »Friedhöfe sind heilig«, sagt sie. Seither gibt Frau Brüske der 35000-Einwohner-Stadt keine Ruhe. Wer war dafür verantwortlich? Sie erzählt, daß sie bei den Leuten nachbohrte. Und sie hält kurz inne. Eine Nachbarin habe ihr geantwortet, es seien die Zigeuner gewesen.

Seit dem Jahr ihrer Rückkehr kümmert sich diese Frau mit ihrem typischen Kriegs- und Vertreibungsleben um die Vergangenheit. Um so mehr, seit ihr junger Freund Wojciech Gudaczewski nach dem Zusammenbruch des polnischen Sozialismus einen Verein gegründet hat. Ihm hat sie sich angeschlossen. »Sasinia« heißt das Ganze. So nannten sich auch die ersten nachweisbaren preußischen Siedler der Stadt im frühen Mittelalter.

Stolz zeigt Wojciech Gudaczewski mir am nächsten Tag sein kleines Büro. Es ist die Zentrale der Erinnerung in Ostróda. Der Verein Sasinia erinnert an einen Ort, den es nicht mehr gibt: an das ostpreußische Osterode, an die jüdische Bevölkerung, an die polnische Minderheit – und, sagt Gudaczewski, »an die Deutschen«. Er zeigt Fotos. Auf einem ist Krystyna Brüske zu sehen, wie sie den deutschen Friedhof fegt, auf einem anderen Kinder, die das Laub wegtragen. Dann Bilder einer Abendveranstaltung: Polnische Grundschüler tragen Gedichte über das frühere Osterode vor. »Gerade in diesen Regionen«, sagt Gudaczewski, »können wir nicht so tun, als habe die Geschichte erst 1945 angefangen. Aber viele Polen denken noch so.« Schließlich habe der Ort über 40 Jahre lang eine sozialistische Geschichtsverfälschung ertragen müssen: »Die Russen als die Befreier der Stadt«, sagt Gudaczewski zynisch. Osterode wurde kampflos an die Rote Armee übergeben. Erst danach begann das Wüten, die Stadt brannte lichterloh, man brandschatzte, vergewaltigte, und Soldaten feierten auf den Trümmern ihrer eigenen Gewalt den Sieg.

Die Narben der Vergangenheit werden erst seit den letzten Jahren geheilt. Ein Geschäftsmann hat in das zerstörte historische Zentrum viel Geld investiert. Die dreistöckigen Neubauten erstrahlen in barocken Formen, jedes Haus trägt eine andere, satte Farbe. Es sind Zitate der Vorkriegszeit. Nur die Stuckfassade, die Ornamentik, haben die Architekten ausgespart. So, als wollten sie die Vergangenheit wiederauferstehen lassen – und als seien sie dabei auf halber Strecke stehengeblieben.

Zügigen Schrittes geht Wojciech Gudaczewski durch den Ortskern. Sasinia hat Erinnerungsschilder angebracht. An der Promenade des größten Sees des Ortes gedenken sie Adolf Tetzlaffs. »Ein großer Reeder«, erklärt Gudaczewski. Er hat einst den Segelverein der Stadt gegründet. Fast jedesmal, wenn sie eine Gedenktafel auf einen Platz stellen oder an einem Haus anbringen, kommt die Blaskapelle oder der Bürgermeister. »Nicht alle sind einverstanden mit dem, was wir machen«, erzählt der junge Mann, der hauptberuflich beim Militär arbeitet. Einmal wurde ihm vorgeworfen, er sei ein »Volksdeutscher«, schließlich arbeite er eng mit den Vertriebenenverbänden und der deutschen Minderheit in der Stadt zusammen.

Fünf Minuten von der Strandpromenade entfernt steht das »Deutsche Haus«. In Frakturschrift sind die Worte in die Fassade gemeißelt. Drinnen: Eiche rustikal. Das Wort »gemütlich« fällt einem ein, man möchte Plätzchen backen. Hier also trifft sich die deutsche Minderheit. Eine Minderheit freilich, die den Krieg nicht mehr erlebt hat, erklärt Henryk Hoch, der die Deutschstämmigen in Ostróda und Umgebung vertritt. Doch die hier geborenen Deutschen sterben langsam aus. Die, die es noch gibt, stricken und nähen. Eine Frauengruppe trifft sich wöchentlich. Henryk Hoch zeigt die Nähstube. Ein Kamin säumt den Flur. Er öffnet eine weitere Tür: ein kleiner Klassenraum. Die Kindeskinder der alten Ostpreußen lernen Deutsch. Und dann sind da noch eine Menge Pokale. »Die Tannen«, so nennt Hoch seinen Verein, spielen Tischtennis, und auch die Fußballmannschaft hat beachtliche Erfolge erzielt. Sie spielt in der Amateurliga. »Wir haben es gut hier mit den Polen«, sagt Hoch mit Nachdruck.

Was er denn aber mache, möchte man wissen, angesichts der Tatsache, daß die Minderheit immer kleiner werde? Ob es Sinn ergebe, die deutsche Vergangenheit zu konservieren? Hoch lacht. Die deutsche Minderheit, die werde es hier immer geben, sagt er. »Und wenn nicht, dann kommen die deutschen Touristen. Die kommen immer.«

Und doch, im Laufe des Gesprächs wird der untersetzte Mann mit dem bauschigen Schnurrbart zornig. Er knüpft jetzt sein enges Jackett zu. Es spannt. »Der eiserne Vorhang ist weg, und nun kommt so was. Ein Scheiß ist das.« Der »Scheiß«, er spielt auf der großen politischen Bühne, und er belastet das deutschpolnische Verhältnis zur Zeit sehr. »Die machen uns alles kaputt«, sagt Hoch. Er meint die Preußische Treuhand, jene Organisation mit Sitz in Düsseldorf, die ehemals deutsches Eigentum von den Polen wiederhaben will. »Die wollen die Häuser, aber es ist doch vorbei«, sagt Hoch, »vorbei und Schluß. Wir in Ostróda haben damit nichts zu tun, wollen wir auch nicht.« Zu allem Überfluß hat das polnische Parlament auch noch Reparationszahlungen für den deutschen Überfall auf Polen gefordert, sagt er. Schlechte Stimmung sei in der Stadt, dauernd werde er über diesen »Mist mit den Häusern« befragt. Und dabei habe man doch so viel aufgebaut, zusammen mit der Stadtverwaltung, mit der deutschen Partnerstadt und mit den »Hiesigen«, wie Henryk Hoch die Polen nennt: »Freundschaft und so was.«

Die jüngsten deutsch-polnischen Zerwürfnisse, sie scheinen so nah zu sein in dieser Stadt, und manchmal, ganz kurz, auch sehr fern. Sie wisse, erzählt Krystyna Brüske, daß es eigentlich eine fiktive Debatte sei. Man müsse das nicht besonders ernst nehmen. Unwahrscheinlich sei es wohl, daß die Klagen der Preußischen Treuhand vor den polnischen Gerichten oder dem Europäischen Gerichtshof Bestand haben würden. Aber es gehe nicht um die Wahrscheinlichkeit, sagt sie ein wenig belehrend. »Daß sie uns die Nerven und die Gesundheit mit diesen Prozessen rauben«, das sei der eigentliche Skandal.

Viele ihrer Nachbarn hätten Angst. »Mein Herr«, sagt Krystyna Brüske, »das ist doch verständlich. Die sind so oft umgezogen. Die wollen nicht mehr.«

Warum sie sich eigentlich für die Vergangenheit so sehr interessiere, möchte ich am Ende unseres Gesprächs wissen. Warum sie sich engagiere? Und ausgerechnet für die Deutschen? »Sie lassen mir«, sagt sie knapp und lacht, »einfach keine Ruhe.«

Die Katze wehrt sich. Frau Brüske nimmt sie dennoch von ihrem Schoß. Unwillig trottet sie davon. Und die alte Dame begleitet mich hinaus. Dann fällt die Tür sehr fest ins Schloß.

Ich gehe zur Strandpromenade, bin mit Tadek verabredet. Ich erkenne ihn kaum wieder. Den Schnauzer hat er sich abgenommen, seine Augen sind winzig klein, man sucht sie in einem Gesicht, das breit, fleischig, aufgedunsen geworden ist mit den Jahren. Wir umarmen uns stumm, gehen am See entlang, meiner Unterkunft entgegen. Erst als er spricht, mit seiner tiefen Stimme, der Stimme eines Geschichtenerzählers, der einen in den Schlaf wiegt, wird er mir langsam wieder vertraut, weicht die Fremdheit, die Verlegenheit, die uns für Sekunden umgab.

Tadek erzählt, nach einigen beiläufigen Bemerkungen über den Nieselregen, er habe eine Entziehungskur gemacht, vor Jahren schon. In einer Klinik hier in Ostróda, einen Platz darin habe ihm Tante Ania organisiert, was gar nicht leicht gewesen sei, aber man habe, lacht er, einen Weg gefunden, ihn unterzubringen. Tadek sagt, nun ja, irgendwie habe man es hingekriegt – »załatwiać«.

Seit er aus der Klinik entlassen wurde, trinke er nur eine Büchse Bier am Tag, genau eine Büchse. Und daß er eine Frau kennengelernt habe, sagt er, und daß er sie im stolzen Alter von 51 Jahren, vor einem Jahr, ehelichte.

Die Feier sei in ganz kleinem Kreise begangen worden. Zum einen des absurd hohen Alters des Ehepaares wegen, ein Umstand, der ein üppiges Gelage unangemessen hätte erscheinen lassen, zum anderen, um ihm, der nüchtern bleiben wollte auf seiner eigenen Feier, den Anblick betrunkener Gäste zu ersparen.

Seine Frau sei eine Bardame, die er in einem etwas zwielichtigen Nachtclub kennengelernt habe. Er sei, dort stets nur Cola trinkend, so lange hingegangen, bis sie ihm, sagt Tadek etwas pathetisch, »das Herz« geschenkt habe. Sie habe ihn anfangs nicht gewollt, der Männer überdrüssig geworden, wollte sie nur noch Getränke ausschenken und habe alle Avancen ausgeschlagen. Geschieden sei sie, und Tadek lacht kurz auf, da ihr Ehemann sie, betrunken, wie er oftmals war, schlug. Immer wieder nach Schichtende, ein Bauarbeiter. Da habe es sie, die Bardame, schließlich doch beeindruckt, daß er bei ihr nur Cola bestellte. Und keinen Wodka und kein Bier.

Wir steigen die Treppen hinauf. Meine Unterkunft in Ostróda ist die neue Wohnung meiner Eltern. Sie kauften sie sich kürzlich als Alterswohnsitz. Bald werden sie Koblenz verlassen, werden von Deutschland, das, allen Beschwörungen zum Trotz, niemals ihre Heimat geworden ist, nach Polen ziehen. Wird die Wohnung ihre alte und gleichsam neue Heimat werden? Hier, an den Masuren, dem Ort ihrer Kindheit? Wird die Vergangenheit sich einholen lassen? Läßt sich ein gebrochenes Leben jemals wieder kitten? Ich blicke aus dem Küchenfenster, ein weiterer Block wurde auf dem benachbarten Grundstück erst vor kurzem hochgezogen, an einigen Fenstern hängen bereits Gardinen.

Die Wohnung: eine Küche und zwei kleine, frisch tapezierte Zimmer. Das eine Zimmer ist so klein, daß kein Schrank, würde man einen hineinstellen, umkippen könnte. Ich erblicke ein Schlafsofa. Das zweite Zimmer ist noch völlig leer. In der Küche steht ein Tisch mit zwei Stühlen. Wir setzen uns. Tadek öffnet mit einer schnellen Handbewegung eine Büchse Bier. Und wir sprechen über Politik, die neue Regierung, die seiner Meinung nach endlich Ordnung in das chaotische Land bringen könnte. Da die Meinungsverschiedenheiten zwischen uns sich nicht überbrücken lassen, wechselt Tadek das Thema, erzählt, wie er nach seinem Klinikaufenthalt eine ganz entspannte, wundervolle Stelle auf einem Schiff angenommen habe. Er tuckerte Touristen über den See. Allerdings habe er nicht alle Tickets, die er im Schiff für die Rundfahrt verkaufte, regulär abgebucht. Das sei auch gar nicht möglich gewesen, des niedrigen Gehaltes wegen, das zum Leben nicht ausgereicht habe. Kurzum: Der kleine Betrug sei schließlich aufgeflogen. Und statt reumütig zu sein, sagt Tadek, während er einen tiefen Schluck Bier nimmt, habe er sich auf ein Handgemenge mit seinem Chef eingelassen, das allerdings schadlos ausgegangen sei. Lediglich einen ausgerenkten Arm habe er seinem Vorgesetzten zugefügt, nicht der Rede wert. Na ja, die Emotionen seien eben mit ihm durchgegangen. Er habe da manchmal so eine Wut.

Dann lacht er sehr laut, erzählt, daß er, nachdem er die Stelle auf dem Schiff verloren hatte, für einen Monat nach Rostock gefahren sei. Als Selbständiger habe er einen Monat lang Bürogebäude aufgebaut, mit anderen Polen, zwölf Stunden am Tag. Es lockte sie ein hohes Gehalt. Am Ende habe man sie nicht ausbezahlt, die Arbeiter, nachdem errichtet worden war, was aufzurichten war, hat man sie kurzerhand von der Baustelle geworfen. Mit Androhung von Gewalt. Der Sprache nicht mächtig, sei er mit seinen Freunden wieder nach Polen gefahren, statt sich der deutschen Polizei anzuvertrauen. In drei kleinen Autos, mit jeweils fünf verschwitzten und fluchenden Arbeitern. Jetzt suche er wieder neue Arbeit, sagt Tadek. Diesmal in Ostróda. Er grinst, er sagt, er werde das schon irgendwie hinkriegen.

Dann hört man, wie sich eine zweite Büchse Bier zischend öffnet. Und wir verlassen die Gegenwart, und Tadek erzählt von seiner Zeit in Rußland, erzählt von Messerstechereien, und ich blicke ihn diesmal nicht erschrocken, sondern ungläubig an. Und er genießt es, daß ich ihm die Geschichten nicht glaube. Das gibt ihm den Anlaß, seine Erzählungen nun so detailliert auszuschmücken, daß selbst die entlegensten Feldstraßen in Kursk, wo er einst in einem Kernkraftwerk arbeitete, ganz plastisch werden. Und über jeden Zweifel erhaben sind Geschichten, die einen verführen.

Am nächsten Tag flog das ganze Land an mir vorbei. Vom hohen Norden bis ganz in den Süden fuhr ich wieder dorthin, wo die Reise begonnen hatte: nach Krakau. Und in dem kleinen Abteil, das mich immer weiter fortführte, bis das Land hügeliger wurde, stiegen Passagiere zu und wieder aus. Nur ich blieb sitzen, so lange, bis ich Krakau erreichen sollte. Eindrücke wechselten ab, als ich die Augen schloß, Frau Brüske trank zusammen mit Tadek Bier, Grażyna schob in Toruń ihren Kinderwagen, böse Taxifahrer umrundeten den Kulturpalast, und die polnischen Sheriffs sah ich auf einer Wahlparty. Dort tanzte auch das Paar Tango, das ich im Piękny Pies erblickt hatte, und Steffen Möller erzählte einen Witz. Und Alexej Suchzyn eilte durch Warschau. Auch der Papst, der polnische Papst meiner Kindheit, fiel mir ein. Seine Spuren, das war der Plan, würde ich in Krakau verfolgen.

Im Halbschlaf, in einem Zug, der sehr holprig die Landschaft streifte, schien es mir, nur einen kurzen Moment lang, als seien meine polnische Vergangenheit und meine deutsche Gegenwart zu einem einzigen, einem harmonischen Bild verschmolzen. Als hätte ich die Vergangenheit eingeholt. Und als liege die Geschichte, die weit aufgespannte Zeit, in nur einer Hand.

11
DER PAPST

IN KRAKAU ZELEBRIERT MIECZYSŁAW MALIŃSKI das Mysterium der Wandlung. Der Priester steht in goldglitzerndem Meßgewand in der Kirche des heiligen Franz Sales und hält die Hostie in die Höhe. Von ferne sieht Maliński ein wenig aus wie Samuel Beckett: Sein Gesicht ist tief zerfurcht, er trägt einen kurzen Igelschnitt. Es ist bitterkalt. Und es kommt einer Erlösung gleich, als die Gemeinde – Geschäftsmänner und alte Mütterchen, Arbeiter und kleine Kinder – ein letztes, etwas schleppendes Lied anstimmt und schließlich in die Gassen der Altstadt verschwindet. In der Sakristei empfängt Maliński Besucher. »Über den Papst wollen Sie etwas erfahren?« fragt er nach langem Zögern, blickt mich unschlüssig an. »Und Sie kommen aus Berlin?« Er überlegt. »Gut, ich möchte mal wieder Deutsch sprechen.«

Maliński war ein alter Freund Karol Wojtyłas. 40 Jahre lang hat Wojtyła in Krakau gelebt: als Zwangsarbeiter unter den Nazis, als Laienschauspieler im Untergrund, als einfacher Priester und schließlich als

Erzbischof, bis er 1978 nach Rom beordert wurde. Seither hat er die katholische Kirche geprägt. Man muß Krakau besuchen, um ihn zu verstehen.

Wir gehen in ein winziges Zimmer: ein Tisch, zwei Stühle. Hier scheint es noch kälter als in der Sakristei zu sein. Eine Nonne hilft Maliński aus dem Meßgewand. Er ist 81 Jahre alt, stets war er drei Jahre jünger als der Papst.

»Also«, sagt er streng, »was wollen Sie?« Maliński kannte den Papst seit der Okkupationszeit unter den Nationalsozialisten. Er verkehrte mit Wojtyła im polnischen Untergrund, in einem geheimen Priesterseminar. Wie hat Wojtyła diese Zeit geprägt?

»Dieses Kapitel«, sagt Maliński unwirsch, »kann ich Ihnen nur auf polnisch erzählen.« Er starrt auf den Holztisch, vermeidet Augenkontakt. »Ich habe Karol Wojtyła als jungen Mann in einer spirituellen, geheimen Laienorganisation kennengelernt. Sie hieß Lebendiger Rosenkranz, wir trafen uns abends. Das war alles konspirativ, die Nazis dachten, daß wir zum bewaffneten Widerstand gehörten, was nicht der Fall war. Wir wollten uns spirituell und intellektuell bilden, für den Frieden, für die Zeit nach der Besatzung. Tagsüber mußte Karol Wojtyła für die Deutschen in kriegswichtigen Betrieben arbeiten, in der Chemiefabrik Solvay und in einem Steinbruch.«

Der Winter 1940 in Krakau war so kalt, daß sich der 20jährige Arbeiter das Gesicht mit Vaseline einrieb, um sich vor dem Frost zu schützen. Morgens, gegen sechs, es war noch dunkel, zog er seinen blauen Arbeitsanzug an, schnallte sich den Rucksack um und verließ das Haus am Weichselufer. Er lief über die vereiste Dębniki-Brücke; schnell, damit der Kreislauf in Schwung kam und den müden Körper wärmte. Es folgte ein halbstündiger Marsch durch noch menschenleere Gassen, bis an die Grenze Krakaus, dort lag sein Ziel: der Steinbruch von Zakrzówek.

Wie die anderen polnischen Zwangsarbeiter auch nahm er einen Vorschlaghammer in die Hand, schlug ins Gestein; immer wieder, bis sich einzelne Brocken lösten, die er in eine Schubkarre warf. Die gefüllte Schubkarre schob er zu einem Eisenbahnwagen, leerte sie aus und begann von vorn.

Maliński blickt auf, er hat die Zeit vergessen: »Manchmal besuchte er mich abends zu Hause«, fährt er fort. »Er half mir bei Lateinübungen. Als Gegenleistung schmierte ich Schmalzbrote. Die mochte er sehr gerne. Auch Rührei. Karol war auch im geheimen ›rhapsodischen Theater‹, dort rezitierte er nachts Mickiewicz, Polens Nationaldichter. Das war riskant. Es war ein patriotisches, religiös angehauchtes Widerstandstheater. Hätte die Gestapo davon Wind bekommen, er wäre nach Auschwitz gekommen, wie so viele Geistliche aus Krakau.«

Auf die Frage, wie die Angst zu ertragen gewesen sei in Zeiten, in denen man jeden Tag verhaftet werden konnte, schweigt Maliński lange. Dann sagt er: »Einmal wurde es brenzlig. Sehr brenzlig. Es war am 1. August 1944. In Warschau kam es zum Aufstand der Heimatarmee. Die Gestapo hatte Angst, daß sich das auch in Krakau wiederholen könnte. Ein paar Tage später durchkämmte sie jeden Winkel der Stadt, führte Razzien durch. Sie wollten alle konspirativen Organisationen vernichten, uns vernichten. Wojtyła versteckte sich zusammengekauert in einer Kellerwohnung. Sie haben ihn nicht gefunden.« Maliński starrt immer noch auf den Holztisch.

»So. Das war's. Eine Frage haben Sie noch«, sagt er streng, wieder auf deutsch.

Droht der katholischen Kirche Polens, deren Identität sich ja aus so vielen Widerstandskämpfen speist, die Bedeutungslosigkeit? Jene Randexistenz, die sie in Deutschland führt?

Die Frage scheint Maliński zu beleben. Leise lächelnd erwidert er: »Wissen Sie, das fragen mich viele Deutsche, auch Kardinäle und Priester. Ich zitiere immer Lenin: ›Wenn der Bauer einen Traktor bekommt, dann gibt es für ihn keinen Gott mehr.‹ Aber das ist nicht wahr. Und ich sage Ihnen was«, sagt Maliński. Er bedeutet mir, näher zu rücken. »Vielleicht liegt das am Klerus. An Autoritäten, die etwas ausstrahlen. Wir hatten da unseren Wojtyła. Gott sei Dank.«

Offenkundig gibt es den guten Papst und den bösen Papst. Den bösen Papst kenne ich aus Deutschland. Johannes Paul II., Karol Wojtyła, galt als der reaktionärste, der dogmatischste, der engstirnigste Patriarch, den die katholische Kirche hervorgebracht hat. Man wurde etwas wohlwollender, als ihn die Parkinsonsche Krankheit plagte, da regte sich ein Anflug von Mitleid. Pluspunkte sammelte er, als er im Einklang mit Gerhard Schröder den Irak-Krieg geißelte und Polen in die EU drängte, während erzkonservative polnische Kräfte wie der Rundfunksender *Radio Maryja* massive antieuropäische Propaganda schürten. Ansonsten war sein Image in Deutschland stets ramponiert. Verbot er doch Kondome, während Afrika unter Überbevölkerung und Aids zugleich litt. Und er predigte den Zölibat. Und wenn Reformpriester wie Hans Küng oder Eugen Drewermann sich über Ökumene und die Vision einer Weltkirche ausließen, dann wurden sie flugs ihrer Ämter enthoben.

Als der Papst im November 1980 vom *Spiegel* zum »Missionar des Gestrigen« deklariert wurde, war er in Polen zum frenetisch umjubelten Nationalhelden reüssiert. Fernab jeder 68er-Debatte um Verhütungsmittel und Feminismus symbolisierte er in seinem Heimatland das Progressive schlechthin. Nicht nur, weil der Papst so schön unkonventionell war: Kraxelte er doch gern in der Hohen Tatra umher oder fuhr in Zakopane auf Skiern die Piste hinab. Vor allem war Wojtyła das Sprachrohr Roms für ein unter der Sowjetherrschaft stehendes Polen.

Auch für meinen inoffiziellen Fremdenführer, einen guten Taxifahrer, ist das Thema mit großen Gefühlen beladen. Als er auf das Siechtum des Papstes angesprochen wird, stimmt er ein polnisches Trinklied an: »Sto lat, sto lat, niech żyje, żyje nam!« – »Hundert Jahre, hundert Jahre möge er leben.« Wir fahren in seinem alten Passat durch die engen, frisch renovierten Gassen der Altstadt. »Sie fragen mich ernsthaft« – er schaut mich vorwurfsvoll an –, »ob der Papst mir etwas bedeutet? Der Papst ist mein Leben.« Er gibt Gas, schaltet in den dritten Gang. »Das katholische Herz Krakaus«, sagt er, »schlägt lauter als das von Rom.«

»Wir machen einen Umweg«, sagt der bärtige Chauffeur, er heißt Marek Kurleto. Einen Abstecher nach Nowa Huta, Neue Hütte. Industriebauten, mittlerweile marode, umschließen Wohnblöcke, die mit neoklassizistischer Wucht in die Landschaft gesetzt wurden und nun langsam verfallen. »Hier, genau hier tobte der Kampf um die Freiheit Polens.« Der Taxifahrer bremst scharf, zeigt auf ein schiffartiges, monströses Etwas. Erst auf den zweiten Blick erweist sich der Betonklotz inmitten der Siedlung als Kirche. Arka ist ihr Name, er soll an die Arche Noah erinnern. Mit kleinen Steinen ist die Kirche verkleidet. »Gebirgsflußkiesel. Zwei Millionen Stück«, sagt Kurleto, zieht andächtig an einer West light. »An dieser Stelle befand sich in den 60er Jahren nur ein großes Holzkreuz.«

Von 1959 an zelebrierte der spätere Papst hier als

Weihbischof von Krakau auf offenem Feld Messen – im Regen, im Schnee, in frostiger Kälte, zur Provokation der kommunistischen Machthaber. Die Arbeiter von Nowa Huta, so der Plan der Regierung, sollten großzügige Wohnungen erhalten, ein Theater, ein Kino und einen Ballsaal. Nur keine Kirche. »Sonntägliche Massenaufläufe waren die Folge«, erinnert sich Kurleto, der in den 60er Jahren ein Teenager war. »Das Holzkreuz wurde zum Symbol des Widerstandes.« Kurleto ballt die Faust. »Aber die Kommunisten sind eingeknickt.« Kardinal Wojtyła selbst stieß am 14. Oktober 1967 den ersten Spaten in den reifglatten Rasen. Und als er die Einweihungsmesse hielt, vor Tausenden Nowa-Huta-Arbeitern und Pilgern aus aller Welt, geriet seine Predigt zum Affront gegen die Machthaber des Landes: »Dies ist keine Stadt von Menschen, die jemandem gehören, von Menschen, mit denen man machen kann, was man will … Dies ist eine Stadt der Kinder Gottes.«

Ach, die Sozialistische Arbeiterpartei Polens hatte es schwer mit Wojtyła. Schweigend fährt Kurleto am Błonie-Park vorbei: einer schier unendlichen, kargen Rasenfläche, auf der sich vereinzelt aufgestellte hölzerne Fußballtore verlieren. Die Staatspartei konnte nicht verhindern, daß der neue Papst am 2. Juni 1979 seiner Heimatstadt einen Pastoralbesuch abstattete. In den Błonie-Park strömte die bisher größte Menschenmasse in der Geschichte Polens. Der Papst sprach vor drei Millionen Menschen, die – damals zum Teil noch in

Pferdewagen – aus den entlegensten Kolchosen nach Krakau geeilt waren.

Es ist die Zeit der großen Massenbewegungen, der Papst besucht Krakau am Vorabend der Solidarność-Streiks, die blutig niedergeschlagen werden. Diesmal fällt seine Predigt vorsichtiger aus, schließlich sitzt ihm der Parteiapparat im Nacken. Doch die Doppeldeutigkeit seiner Worte ist unüberhörbar. Durchhalteparolen: »Ihr müßt stark sein, liebe Brüder und Schwestern. Ihr müßt stark sein. Nehmt noch einmal das ganze geistige Erbe an, das Polen heißt, zieht dieses Erbe niemals in Zweifel, werdet seiner nicht überdrüssig.« Und dann folgt jene Botschaft, die in den aufgewühlten politischen Zeiten zu einer Leitparole der Solidarność werden sollte: »Fürchtet euch nicht!«

Darauf angesprochen, wird Kurleto unruhig, rutscht auf dem Fahrersitz hin und her. Er war damals dabei. »Frauen fielen in Ohnmacht, auch Männer. Es war ein bißchen hysterisch.« Kurleto streicht sich über den Schnurrbart. »Ich war ja«, fährt er fort, »in der Solidarność nicht ganz unwichtig. Schon wenige Monate später waren sie hinter mir her. Wochenlang versteckte ich mich in irgendwelchen Kellern von Freunden, Bekannten. Bis es nicht mehr ging.« – »Bis es nicht mehr ging?« – »Bis es nicht mehr ging«, wiederholt Kurleto. Mehr will er nicht sagen.

Dieser erste Papstbesuch in seinem Heimatland verlief nicht ganz nach den Wünschen Wojtyłas, wurde ihm doch von den Behörden der Besuch der Kirche Arka in Nowa Huta verboten. Daraufhin setzte er sich in einen Helikopter und ließ über dem Viertel einen Blumenstrauß fallen. Diese Episode vermag seine Strategie gegenüber kommunistischen Regimes gut zu veranschaulichen. Stets verfolgte der Papst eine Zermürbungstaktik, eine Art camouflierten Protests gegen die Sowjetherrschaft, die er nicht wagte zu sehr zu reizen. Schon Stalin hatte einmal in höhnischer Selbstgewißheit gefragt: »Wie viele Divisionen hat schon der Papst?«

Der Papst als charismatischer Widerstandskämpfer – es scheint, als sei dieser Aspekt seines Lebenslaufes in Deutschland weitgehend verborgen geblieben, trotz Karlspreis und Irak-Kritik. Im Zeichen der kulturellen Befreiung aus dem Mief der Adenauer-Republik, im antiautoritären Diskurs der 68er-Generation, der die Bundesrepublik bis in unsere Gegenwart hinein prägt, war der Papst ein störender Fremdkörper.

Wie kein katholisches Oberhaupt zuvor stellte er sich und sein Amt mit Hilfe der Massenmedien theatralisch zur Schau: Publikumswirksam herzte er Indianerkinder in Mexiko und Koalabären in Australien, ließ sich mit afrikanischem Kopfschmuck in Nairobi feiern und küßte unter Blitzlichtgewitter den staubigen Boden jedes Landes, das er besuchte. Er schien nichts mehr zu lieben als jubelnde Massen, die er bei spektakulären Gottesdiensten mit weit ausgebreiteten Armen begrüßte.

Karol Wojtyła war der Schauspieler unter den Päpsten. Er schien sich stets bewußt zu sein, daß nur der Ritus, der theatralische Auftritt, den Katholizismus am Leben erhielt. Dies vermag auch – neben seinem kirchendogmatischen Konservativismus – das Mißtrauen zu erklären, das ihm hierzulande entgegenschlug, in einem Land mit starker protestantischer, pietistisch geprägter Aufklärungstradition. Mir scheint, man übersah in Deutschland gerne, wie sehr gerade die theatralischen Massenveranstaltungen den Widerstand gegen totalitäre Regimes vorantrieben. »Was in Osteuropa in den letzten Jahren geschehen ist«, notierte Michail Gorbatschow nach dem Zusammenbruch des Ostblocks, »es wäre nicht möglich gewesen ohne diesen Papst, ohne die große, auch politische Rolle, die Johannes Paul II. gespielt hat.«

Zugegeben, der Kult um Wojtyła trieb seltsame Blüten. In Wadowice, einer Kleinstadt vor den Toren Krakaus, steht sein Geburtshaus. Mittlerweile ist aus ihm ein kleines Museum geworden, das täglich fast 2000 Menschen aufsuchen. Umsäumt von Kitschläden, in denen man Rosenkränze aus Plastik, Papstbilder, Papstuhren und Papst-DVDs erstehen kann, werden eine alte Skiausrüstung Wojtyłas, seine zerbeulte Suppenschüssel, Holzstifte und ein Nachttischlämpchen ausgestellt. Daneben eine Flut von Soutanen. In der Basilika auf dem Marktplatz, in der man Wojtyłas Taufbecken bewundern darf, prangt ein übergroßes Konterfei des Papstes, eingefaßt in einen mächtigen Goldrahmen. »Lolek« (Lutscher), so nennen die Einwohner von Wadowice ihren berühmtesten Sohn. Das war einst der Kosename des Jungen mit dem runden Gesicht. Von der Kirche hat man einen guten Blick auf das Rathaus. Es ist mit einem riesigen Banner verziert: »Die Stadtverwaltung von Wadowice glaubt immer an Johannes Paul II.«

Ein jeder in Polen kann einem erzählen, weshalb die katholische Kirche so wichtig ist. Die schwarze Madonna in Tschenstochau hat das Invasionsheer der Schweden 1655 abgewendet, so die Legende. Als Polen zwischen 1795 und 1918 unter Preußen, Österreich und Rußland aufgeteilt war, hat die Kirche die imaginäre Nation zusammengehalten. Polnische Priester kämpften schon 1920 mit der Waffe in der Hand gegen die Rote Armee, dann gegen den nationalsozialistischen Terror. Johannes Paul II. schließlich wurde zum Sinnbild des Widerstandes gegen die Kommunisten.

Als die Demokratisierung Polens einsetzte, hat die katholische Kirche langjährige Forderungen durchsetzen können: das Verbot der Abtreibung, die Einführung des Religionsunterrichts sowie die Rückgabe ihres enteigneten Grundbesitzes. Nur die Bevölkerung spielte nicht mehr mit, wählte sogar 1995 einen früheren Kommunisten, Aleksander Kwaśniewski, zum Staatspräsidenten. Selbst Sonntagsmessen verzeichneten Mitte der 90er Jahre einen Besucherrückgang. Polen schien einer weitgehenden Säkularisierung anheimzufallen.

Doch etwas hat sich in diesem Land verändert. Der

katholische Wertekanon ist mittlerweile massiv zurückgekehrt, mitsamt einer klerikal angehauchten Regierungspartei und dem Erfolg des Radiosenders *Radio Maryja*, der bisweilen antijüdische Propaganda schürt und besonders auf dem Land jede Eckkneipe beschallt. Selbst der Vatikan bekämpft ihn mittlerweile mit Verve.

Das alles hat nichts mit meinem Papst zu tun. Mein Papst war der Papst des Dorfes, in dem ich die Sommermonate meiner Kindheit verbrachte. Mein Papst war die Ordnungsmacht meiner Großeltern, er verschmolz mit Biskupiec, dem Ort, in dem die Nächte so dunkel waren wie an keiner anderen Stelle des Globus, von keiner Leuchtreklame an Hauswänden und von keiner Straßenlaterne war Biskupiec in meiner Erinnerung jemals beschienen. Nur der Papst blickte auf die Menschen herab, und zwar sehr milde. So sehr waren sie sich seiner Gnade gewiß, daß sie sündigten, gerne und häufig.

12
IN KRAKAU

ICH BIN DER EINZIGE BESUCHER. Von Raum zu Raum, an Wärtern vorbei, Rüstungen passierend, suche ich sie. Bis ich sie entdeckt habe. Eine junge Frau mit blassem Gesicht, die langen Haare streng vom Mittelscheitel weggekämmt. Eine Perlenkette, die sich um ihren Hals windet, und das schlichte, gleichwohl edle Gewand lassen an eine Hofdame denken.

Sie blickt an mir vorbei, ein Raubtier, ein kleines Hermelin, auf ihrem linken Arm tragend. Der weiße Winterpelz des Tieres verspricht, das besagt die Mythologie, Reinheit und Unschuld. Doch das schlangenartige Wesen mit dem spitzen Kopf, den winzigen schwarzen Augen, kleinen Ohren und Krallen, die sich in ihrem Gewand verhaken, ist teuflisch. Man ahnt es, sieht vor dem geistigen Auge, wie es sich jeden Augenblick recken könnte, zum Biß bereit. Sein weißer Pelz verdeckt die schwarze Seele, das Hermelin ist ein Sinnbild der Verstellung.

Warum nur streichelt die junge Frau es so zärtlich mit ihrer Rechten? Während sie gelassen zur Seite blickt, gebannt, mit freundlichen Augen. Das Tier, das so bedrohlich wirkt, trägt sie wie beiläufig, als sei es ein Schoßhund. Lächelt sie? Ja, aber es ist nur der Hauch eines Lächelns, dem Lächeln der Mona Lisa verwandt.

Die Frau ist Cecilia Gallerani und wurde von Leonardo da Vinci Ende des 15. Jahrhunderts porträtiert. Am Hof von Ludovico Sforza in Mailand, einem intriganten Herrscher, der ein Auftraggeber Leonardos war. Und Cecilia war Ludovico Sforzas Geliebte. Sie mochte 20 Jahre alt sein, kaum älter, als sie von Leonardo in ein Bild gebannt wurde, das heute im Czartoryski Museum in der Krakauer Altstadt hängt: ein frühes, ein bekanntes Kunstwerk der Renaissance.

Oft passiert es, daß die Vorfreude auf ein Ereignis uns täuscht und wir ernüchtert sind, sobald es eintritt. Cecilia enttäuscht mich nicht, auch wenn sie an mir vorbeischaut, den Betrachter mißachtend. Ihr Bild prägt sich sogleich ein, in der Unruhe, das es in sich birgt, changierend zwischen Gefahr und Frieden, und einmal mehr, auch hier in Krakau, zwischen Schuld und Unschuld.

Tagelang hatte ich in Krakau nur den Papst vor Augen. Jetzt recherchiere ich nicht mehr, suche nicht mehr, lasse mich treiben. Wie am ersten Tag meiner Reise, als ich in der Krakauer Kneipe Piękny Pies den Tango entdeckte, den Tanz der ungleichen Zeit, des Abschieds und der Wiederkehr, der Nähe und Ferne. Und wie ein Tanz erscheint mir, aus dem kleinen Museum tretend, meine bisherige Reise. Nie sind Gegenwart und Vergangenheit eins; wie Tangopartner, die sich in eigenmächtigen, voneinander wegstrebenden Bewegungen verlieren, klaffen sie auseinander und sind doch miteinander verbunden: Die neuerlichen Begegnungen mit Tadek und Grażyna haben die trügerische Erinnerung an meine polnische Vergangenheit aufgeweckt, spuken immer wieder hinein in die Gegenwart.

Ich wollte von Polen lange Zeit nichts wissen, und suche in diesem Land nun wieder nach polnischen Wörtern, vergessenen Wörtern, an die ich mich plötzlich erinnere. Es gibt nun Gespräche, da erkennt man meinen deutschen Akzent erst spät. Jetzt, in Krakau, ist Deutschland weit entfernt, selbst die deutsche Sprache, da ich beginne, auf polnisch zu denken, scheint zu verblassen.

Die Renaissance, die Wiedergeburt. Sie ist in der gesamten Stadt gegenwärtig. Doch anders als in Warschau ist es nicht die Phantasmagorie der Warenwelt, die eine Renaissance erlebt, sondern die Renaissance selbst. Als Epoche. Die Zeit, in der Krakau der Mittelpunkt der Welt war, Hauptstadt Polens bis 1596 und Zentrum des mächtigsten Staates Europas. Damals, als Polen sich mit Litauen verband. Der Einfluß von Polen-Litauen reichte vom Baltischen zum Schwarzen Meer, von der Adria bis vor die Tore Moskaus. Es war die Zeit, als italienische Künstler und Handwerker nach Krakau zogen. Und der

Staat, die Adelsrepublik mit Gewaltenteilung, griff der Moderne weit vor.

Der überreizte Prunk, die blendende Verschwendung, der alte Reichtum, sie kehren zurück, strahlen einen an, seitdem die Stadt nach der Wende aufwendig renoviert wurde. Keine Bausünde im Stadtbild, statt dessen feingliedrige Ornamente an üppig verzierten Aristokratenhäusern, die Gassen, nach Heiligen benannt, stoßen auf den riesigen Marktplatz mit dem Marktgebäude in seiner Mitte, den Tuchhallen, in deren hoch aufschießenden Gewölben heute nur noch billiger Ramsch feilgeboten wird: Schachspiele aus Taiwan, glitzernde Papstuhren und gläserne Perlenketten.

Zur jeder vollen Stunde ertönt auf dem Platz ein Trompetensignal, das jäh abbricht. Es erinnert an einen Wächter der Kirche, der von einem tatarischen Pfeil niedergestreckt wurde. Es gibt auch eine andere Erzählung zu der unvollkommenen Melodie: Die Marienkirche hat zwei Türme, die unterschiedlich hoch sind. Zwei Brüder hätten sie errichtet, und der eine habe dem anderen im Wettstreit, damit dessen Turm in jedem Fall kleiner bliebe, einen Pfeil durch den blanken Hals geschossen. Von einem Turm zum anderen.

Gebrochen wird die museale Illusion Krakaus durch die Flut der immer gleichen Jeans- und Uhrenläden, durch Schuhgeschäfte und Fast-Food-Ketten, die sich über die Stadt ergießen. In kommunistischer Zeit wurde die Stadt durch Rauchschwaden verrußt, die aus dem

Industrieviertel Nowa Huta jahrzehntelang hierherzogen und die Substanz der Altstadt angriffen. So verdeckte der Kommunismus mit seinen giftigen Abgasen das aristokratische Erbe eine Zeitlang. Doch oftmals schon war Krakau dem Untergang geweiht und überlebte immer wieder die drohende Zerstörung. Als die Hauptstadt nach Warschau verlegt worden war, verarmte und entvölkerte sich Krakau. Und als der Zweite Weltkrieg dem Ende entgegeneilte, legten die Nazis Sprengkörper in die Kellergewölbe, um sie in die Luft zu jagen. Doch die Rote Armee kam ihnen zuvor.

Damit ist Krakau das Gegenteil von Warschau, das einem einzigen großen Mahnmal des Zweiten Weltkrieges gleichkommt. Wer hingegen durch Krakaus Straßen schlendert, an den zahlreichen Kirchen vorbei, zu dem alten Königsschloß auf dem Hügel Wawel hin, der schlendert durch ein Freilichtmuseum der Renaissance. Die Spuren der Gewalt haben sich nicht im alten Stadtbild verewigt, nur in den Köpfen der betagten Bewohner mögen sie überlebt haben, für immer.

Ich wohne im Hotel Ester, das in Kazimierz liegt, dem alten jüdischen Viertel, umgeben von vier Synagogen: der Synagoge Remuh, die nach einem Rabbiner benannt ist, von dem es heißt, daß er Wunder vollbringen konnte, von der gotischen Hohen Synagoge, der Isaak-Synagoge und von der Synagoge Kupe. Eine traurige Ansammlung von Gotteshäusern, da kaum noch Juden in diesem Viertel wohnen. Nur noch die Fassaden künden vom einstigen jüdischen Leben, und künstlich wird derzeit wiedererweckt, was unwiederbringlich verloren ist. Die Hotels heißen Ester oder Abraham, aber in ihnen arbeiten keine Juden. Und im Restaurant Ariel in der Szeroka-Straße essen fast ausschließlich Touristen koschere Mahlzeiten.

Steven Spielberg hat vor ein paar Jahren Kazimierz zum Drehort von »Schindlers Liste« gemacht. Weil das Viertel zu diesem Zeitpunkt so finster, so dunkel, so ausgestorben war. Und noch über 40 Jahre nach Kriegsende waren die Gassen so verstaubt wie kurz vor der russischen Befreiung. Keine neuen Geschäfte und keine Leuchtreklame störten die blendende Lüge, die Spielbergs Kamera erfaßte. Mittlerweile haben an jeder Straßenecke Kneipen eröffnet, und nur an wenigen Häuserwänden blättert noch der Putz von der Fassade.

In meinem Hotel, in dem neue, aus massivem Kirschholz gefertigte Möbel in klassizistischen Formen stehen, spielen sie von morgens bis abends Radio ZET, laute polnische Popmusik hallt durch den Speisesaal und junge Bedienstete in weißen Schürzen lassen große Blasen ihrer Kaugummis in der Luft platzen. Zumeist gelangweilt, stehen sie hinter einem Tresen, während sie mit ihren Handys spielen.

Und draußen, auf den Straßen, lugt verhalten der Frühling hervor aus dem Dickicht des Winters. Es ist über Nacht deutlich wärmer geworden, eine Katze hat es eilig und rennt, nachdem sie die Ulica Szeroka überquert hat, am Hotelfenster vorbei, bis ich sie, mein Frühstück einnehmend, aus den Augen verliere. Danach gehe ich die breite Ulica Stradomska entlang. Die Wärme hat die Menschen auf die Straße getrieben. Da sitzen die ersten Frauen bereits draußen in Cafés und schlagen die Beine übereinander. Und auf dem Marktplatz streut eine gebückte Greisin, die ein braunes Kopftuch trägt, in weitem Bogen Brotkrumen auf die Erde. Vögel machen sich sogleich über sie her, gierig, sich gegenseitig mit spitzen Schnäbeln bekämpfend.

Die Zeitungen melden, daß die Kaczyński-Brüder mit den Parteien vom äußersten rechten Rand im Parlament eine Koalition bilden werden. Ich ignoriere die Zeitungen, mag nicht der Verführung der Stadt entrissen werden. Denn einmal mehr glaube ich, wider besseres Wissen, an das sanfte Polen, das harmlose, das sich inszeniert in Unschuld.

Durch die Straßen der Altstadt fließt eine Masse von jungen Menschen, alle sehen aus, als wären sie unter 30, junge Frauen, die über das Kopfsteinpflaster stöckeln, ein lautes Klappern, so laut wie einst die Pferdewagen, die die Aristokraten zum Wawel kutschierten. Manche Männer laufen breitbeinig die Straßen entlang. Es sind die »dresy«, übersetzt: »die Jogginganzüge«, die Prolls, die testosterongestählten Glatzköpfe. Sie setzen sich deutlich von den Anzugträgern ab, den Gewinnern der Wende. Sie haben nur die Jugend mit ihnen gemein.

Ich erinnere mich an einen Freund in Berlin, der Journalist ist. In seiner Redaktion hat eine Polin ein Praktikum gemacht. Sie wunderte sich, weshalb es in Berlin Redakteure gibt, die älter als 40 Jahre sind. Das war sie von Krakau, wo sie arbeitete, nicht gewohnt.

Am Marktplatz steht ein kleiner Kiosk. Ganz Polen ist von Kiosken übersät. So auch Krakau. Man muß sich bücken, sehr tief, die Fensterluke hängt fast am Boden. Ich kaufe Zigaretten, die noch immer sehr viel billiger sind als in Deutschland. Und Krakau ist schnell. Kein »Guter Tag« wird sich gewünscht und kein »Auf Wiedersehen« entboten, und man muß das Eis, das zwischen Käufer und Verkäufer steht, schon brechen, damit sich ein Gespräch ergibt. Ich frage die Frau, die sehr korpulent ist und sich in ihrem Kiosk kaum wenden kann, weshalb nur die Luke, in die man hineinspricht und durch die hindurch einem die Waren gereicht werden, immer so tief hängt. Da lacht sie laut auf. Kurz und heftig und sagt, das wisse doch jeder. Die Firma »Ruch«, der die Kioske gehören, habe es auch schon zu kommunistischen Zeiten gegeben. Mangelwirtschaft. Eigentlich sei geplant gewesen, die Kioske mit einem Betonsockel zu versehen. Doch der Finanzierungsnot wegen habe man den Sockel schnell wegrationalisiert, und so bücke sich das Land bis heute ganz umständlich zum kleinen Fenster hinab. Und die Kioske und die

Rückenschmerzen der Menschen sind der letzte kleine Rest, der an die kommunistische Zeit erinnert in Krakaus wiedererstandener Altstadt.

Nein, da gibt es noch etwas, das es früher schon gab, die »Obwarzanki«, die mit Mohn und mit Salz bestreuten Brezeln, die ein Loch in ihrer Mitte haben, wie Bagels, und die Rentner verkaufen an kleinen, fahrbaren Ständen. Die Rentner sehen müde aus, als lägen die Jahre, die sie hinter sich haben, wie eine schwere Last auf ihrem Rücken. Sie warten auf Kunden und preisen ihre Waren nicht an. Sie haben graue Gesichter. Und wenn man hineinbeißt in die Obwarzanka, dann ist sie so hart, daß die Zähne schmerzen, und so geschmacklos, daß man sogleich ahnt, warum der Sozialismus zugrunde ging. Zugrunde gehen mußte. Schon der hohen Zahnarztkosten wegen.

Einst gab es auf den Straßen der polnischen Städte Rhabarber, bitteren Rhabarber, Stauden, die den Kindern für wenige Groszy in die Hand gedrückt wurden und auf die man sich nur mäßig freute. Und in den Kiosken gab es kleine Plastiksoldaten, die einen roten Stern auf der Brust trugen. Und manchmal standen auch Indianer in den Auslagen. Die waren sehr begehrt und häufig ausverkauft. Sie gibt es heute gar nicht mehr.

Ich finde das Piękny Pies sogleich. Die Kneipe, in der die Reise begann und der Tango mich fortriß. Keine Gäste, nur ein müder Kellner, der CDs sortiert an der Anlage. Ich trete hinein, trinke einen einsamen Kaffee, und jetzt erst, bei meinem ersten Besuch von mir noch unbemerkt, erblicke ich eine Wandbemalung in einer Nische. Sie zeigt eine Frau und einen Mann, die sich anschauen mit leerem Gesichtsausdruck. Ich weiß nicht, woran mich das Bild erinnert; später werde ich es als Werbefotografie in einer Illustrierten wiederentdecken. Jemand hat es abgemalt. »Das hat der Maciejowski gemacht«, sagt beiläufig der Kellner. »Maciejowski?« Ja, erwidert er und sagt, Maciejowski sei einer der bekanntesten Künstler Polens, ich solle mich ruhig mal erkundigen, wenn ich ihm nicht glaubte. Und ein wenig sei man doch stolz auf das Wandbild.

Ein neuer Morgen. Es regnet, vom Gastspiel des Frühlings nichts mehr zu spüren, der einzige warme Tag, der gestrige, ist vorüber. Eine der beständig Kaugummi kauenden Kellnerinnen im Hotel Ester hat ihre Fingernägel weiß lackiert, und ihr Mund ist in kräftigem, dunklem Rot gefärbt. Sie kellnert an meinem letzten Tag in der Stadt. Ihr Handy spielt plötzlich ein hektisches Lied, sie geht ran und lacht nach wenigen Sekunden laut auf, als flüstere ihr jemand unzüchtige Komplimente ins Ohr. Und als ihr Vorgesetzter in den Speisesaal schreitet, es muß ihr Vorgesetzter sein – ein untersetzter Mann um die 50 mit goldenen Knöpfen am Anzug und einer Glatze –, da unterbricht sie ihr Telefonat, und ganz eilig entstaubt sie den Tresen mit einem weißen Tuch. Das hatte sie vermutlich zu Schichtbeginn vergessen und verwandelt sich nun augenblicklich von der koketten Diva in eine knechtische Leibeigene. Von dem Mann mit den goldenen Knöpfen, der ein Grinsen nicht zu unterdrücken vermag, erhält sie einen festen Klaps auf den Hintern. Zur Strafe. Und er zieht sie, die ihm bereitwillig folgt, die Treppenstufen hinauf, die vom Speisesaal zu den Gästezimmern führen. Nur einen Moment lang sieht es aus, als würde sie stolpern; in dem Augenblick, da sie sich in der Mitte der Treppe kurz umdreht und an mir vorbei durch die großen Fenster auf die Straße schaut. Ein flüchtiger Blick nur, da war sie auch schon weg. Und ich frage mich noch eine Weile, verlassen wie ich im Speisesaal sitze, ob sie wohl lächelte?

13
DER MALER

ER IST BEGEHRT, er ist kaum erreichbar: Marcin Maciejowski ist ein Phantom, kaum jemand hat ihn bislang gesehen. Maciejowski hat einen Exklusiv-Vertrag mit der Wiener Galerie Meyer Kainer. Seine Adresse wird streng unter Verschluß gehalten, sein Telefon reagiert auf eine Geheimnummer. Maciejowskis Bilder hingegen strahlen seit einigen Jahren weit über die Grenzen Polens hinaus: Fernsehbilder, Filmszenen und Fotos aus Boulevardzeitschriften verwandelt Maciejowski in Gemälde. Noch einmal erwachen die flüchtigen Bilder der Alltagsmedien auf großformatigen Leinwänden zu neuem Leben. Nur Maciejowski selbst ist der Medienwelt weitgehend verborgen geblieben.

Ich schlendere an meinem letzten Tag in Krakau durch die verwinkelten Gassen von Kazimierz, auf Umwegen gelange ich zu dem geheimen Treffpunkt: der kleinen Wohnung des Künstlers. Eine blonde Frau, Maciejowskis Frau, bedeutet mir mit einem kurzen Blick, im Wohnungsflur auf den Künstler zu warten. Ihr Mann schlafe noch. Resoluten Schrittes tritt sie in sein

Zimmer. Man hört zunächst ein Murmeln, dann folgt ein lauter Wortwechsel. Schließlich stürzt Maciejowski aus der Tür. Im Vorbeilaufen fixiert er mich mit weit aufgerissenen Augen. Ein Paar Gummistiefel versperren ihm den Weg zum Bad, werden zur Falle auf der Flucht, er stolpert. Maciejowski fängt sich an der Wand auf, öffnet ruckartig die Badezimmertür und schließt sich ein. Seine Frau schenkt mir, im Flur stehend, derweil Kaffee ein, wortlos. Ein kleiner, blonder Junge umklammert ihr rechtes Bein. Er lächelt, als Maciejowskis rhythmisches Zähneschrubben in den Flur dringt, sagt schüchtern »Papa« und entblößt seine Zähne. Dann löst er sich von Mamas Bein und rennt leichtfüßig in sein Kinderzimmer.

»Mein Mann schläft immer so lange. Er arbeitet nachts«, erklärt Maciejowskis Frau und widmet sich in der Küche dem Abwasch. Ratlos, was im verlassenen Flur zu tun sei, was höflich, was unhöflich, beschließe ich, bewappnet mit einer weißen Kaffeetasse, mich eigenmächtig bei den Maciejowskis umzusehen. Der Holzboden knarrt unter den Schritten. An der Türschwelle bleibe ich stehen. Das kleine Schlafzimmer Maciejowskis ist zugleich sein Arbeitsraum. An der Wand lehnt ein begonnenes Bild, feucht glänzt die Farbe: Ein Männerkopf harrt auf rotem Hintergrund seiner Vollendung. Gleichgültig blickt er mich an. Papier, zahllose Farbtuben, Rahmen, Socken und Pinsel stapeln sich auf dem Parkettboden. Der Schreibtisch quillt über: Zigarettenstummel, Notizzettel, angebrochene und leere Mars-Zigarettenpackungen, ein Schraubenzieher und eine Nagelschere bilden eine flüchtige Collage.

Ein Blick aus dem geöffneten Fenster. Balkone mit barocken Eisengittern zieren die Hinterhäuser im Innenhof. So also sieht Kazimierz, das alte jüdische Viertel Krakaus, auf seiner Rückseite aus: Fernseher flimmern geräuschlos durch weiße Gardinen, irgendwo bellt ein Hund, eine Frau in einem gelben Jogginganzug knipst das Licht an. Weit entfernt. Es ist vierzehn Uhr, unzählige Fenster, Augen der Stadt, starren einen an. Grauer, polnischer Himmel. Ein endloser Schlaf scheint den gesamten Häuserkomplex zu umnebeln. Ich setze mich auf eine Holzkiste. Warte.

Irgendwann schlurft Maciejowski ins Zimmer. Langsam. Die Flucht ins Bad hat ihn sichtlich ermüdet. Schweren Schrittes, den kräftigen Bauch wie einen Fremdkörper vor sich hertragend, schaut er mich abwesend an. Es scheint eine Ewigkeit zu vergehen, bis er sich auf dem einzigen Stuhl in seinem Atelier niederläßt. Er wirkt lethargisch und erschrocken zugleich.

»Herr Maciejowski, Sie sind in ganz Krakau präsent. Ihre Bilder schmücken Clubs und Boulevard-Magazine wie *Przekrój*. Und Sie sind mittlerweile einer der bekanntesten jungen Maler Polens. Hat sich Ihr Leben dadurch verändert?«

Marcin Maciejowski zuckt mit den Schultern. »Ja«, sagt er.

»Inwiefern?«

Vor kurzem erst habe man ihn gefragt, ob er im Piękny Pies eine Wand bemalen wolle. »Irgendwas habe ich dann gemalt.« Maciejowski überlegt. »Ich weiß nicht mehr, was.« – »Das mit dem Magazin, die kleinen Illustrationen«, fährt er nach längerem Zögern fort, »das sind Auftragsarbeiten. Meine richtigen Bilder sind mir wichtiger.«

»Aber Sie malen immer wieder Werbung und Fotografien aus Hochglanzmagazinen ab. Kürzlich etwa Catherine Zeta-Jones – ein Paparazzi-Foto: Sie ist im siebten Monat schwanger und steht etwas verloren in einem weißen Bikini herum.«

Maciejowski schweigt. Dann zuckt er wieder mit den Schultern.

Ein wenig verlegen füge ich hinzu: »Ihre Bilder nehmen immer wieder eine bereits veröffentlichte, durch Massenmedien verbreitete Bilderwelt auf. Es scheint, als sei die Reflexion der kapitalistischen Waren- und Bilderflut Ihr wichtigstes Thema ...«

Maciejowski antwortet nicht. Unruhig blickt er aus dem Fenster, verfolgt die Regentropfen. »Catherine Zeta-Jones«, sagt er plötzlich, »die habe ich immer nur *so* in Magazinen gefunden. Ab hier. So ab da.« Zur Erklärung zieht er eine horizontale Linie in Brusthöhe mit dem Zeigefinger nach. »Ich wollte sie aber ganz haben, von oben bis unten. Dann habe ich endlich das Foto gefunden, wo sie ganz drauf ist.«

Ich möchte auf den Stellenwert der Massenmedien in

seinen Bildern zurückkommen. Schließlich bezieht er sich ständig auf Produkte der Kulturindustrie. Was hat es damit auf sich? Vielleicht geht es gar um den sogenannten polnischen Raubtierkapitalismus? Um Kritik am grassierenden Neoliberalismus? Die Kunstkritik Polens hat in Maciejowski einen sozialkritischen Epigonen gesehen, der die Glitzerwelt der Marktwirtschaft an ihrer banalen Oberfläche aufgreift, um sie als sinnentleerte Zeichenwelt zu entlarven. Zweifellos ist das ein Geheimnis seiner Kunst. Aber das Ganze? Ob es nun Kritik war oder Apotheose der Konsumwelt und der Medienwirklichkeit, darüber hatten sich die Interpreten schließlich schon bei Warhol erfolglos die Zähne ausgebissen. Vierzig Jahre später geht das Spiel in einem dunklen Krakauer Hinterhofatelier in eine neue Runde.

Der Künstler räuspert sich, rutscht unruhig auf dem Holzstuhl hin und her. Er scheint zu überlegen. »Also, das war so«, sagt er schließlich lächelnd. »Auf der Akademie von Krakau, da wurde so was nicht gemalt. Und dann habe ich im Müll ganz viele Magazine gefunden. *Super-Express* und so was. Die habe ich nach Hause gebracht. Bilder, die mir gefallen haben, die habe ich ausgeschnitten, in Schulhefte geklebt und nach und nach dann abgemalt.«

Doch beim Abmalen bleibt es nicht. Maciejowski kommentiert, indem er das Banale, die Bildunterschriften, mitmalt und indem er das Zentrale, die Gesichtszüge, manchmal eliminiert. Manchmal macht er auch

Farbfotos zu Schwarzweißgemälden. Auf einem neuen Gemälde Maciejowskis tanzt etwa Brigitte Bardot. Ihre Gesichtszüge sind ausgespart. Als entseelte Filmikone, als leeres Zitat strömt sie eine gespenstische Lebensfreude aus. »Nach welchen Kriterien suchen Sie Ihre Motive aus? Weshalb sind es häufig Filmstars?«

Maciejowski blickt aus dem Fenster. Verfolgt die Regentropfen, die unablässig vom Himmel fallen. »Ich weiß nicht. Ich guck, ob sie gut sind für ein Bild, ob sie sich malen lassen.«

»Ob sie sich malen lassen?« wiederhole ich.

Er nickt. Lächelt. »Viele reden, viele sagen, was ich mache, ist ironisch.«

»Und?«

Wieder lächelt Maciejowski freundlich, sagt dann leise »weiß nicht« und nickt wieder.

»Sie haben mit Wilhelm Sasnal und Rafael Bujnowski die Künstlergruppe *Ładnie* (Hübsch) ins Leben gerufen. Ihre Kunstwerke wurden in Polen von Kunstkritikern ›realistischer Banalismus‹ getauft. Handeln Ihre Bilder vom Banalen, von einer postmodernen Langeweile, wie behauptet wurde?«

»Das mit der Gruppe Hübsch«, antwortet Maciejowski überraschend schnell, »fing so an. Auf der Akademie gab es einen Kunstlehrer, der sah sich unsere Bilder an und sagte immer ›hübsch‹, ›hübsch‹. Dann ging er schnell weiter.«

»Und das Banale?«

»Das Banale«, antwortet Maciejowski. Zuckt wieder mit den Schultern. Schaut einen freundlich an. Schweigt. Und man ahnt, daß das Banale wahrscheinlich schon in dem Moment seine Banalität verloren hat, in dem der Maler es zum Thema seiner Gemälde gemacht hat. Aber vielleicht kann man darüber nicht reden. Sonst fällt alles zurück in die Banalität der ursprünglichen Motive.

Der Krakauer Galerist und Kunstkritiker Adam Budak hat vor kurzem behauptet, daß Maciejowski in seinen Bildern die heterosexuelle Männlichkeit und den männlichen Blick kritisiert. Die Filmikonen, die auf ihre Körper reduziert sind. Degenerierte Soldaten, die gelangweilt Billard spielen; Seeleute, die sich an Bord stolz in Pose werfen und einen übergroßen, phallischen Anker umklammern; Kerle, die vergeblich Frauen am Strand anzügliche Dinge zurufen. Ob er sich als ein Kritiker des Machismo sieht?

»Vielleicht«, antwortet Maciejowski ruhig, geradezu entspannt, »aber vielleicht male ich auch einfach immer nur Szenen, die mir gefallen.«

Szenen, das Wort fällt immer wieder. Maciejowski fasziniert offenbar, wie das Auge der Kamera einen Ausschnitt aus der Wirklichkeit zur Wirklichkeit selbst erklärt. Die Szenen, die ihn in jüngster Zeit fasziniert haben, sind Sequenzen aus Francis Ford Coppolas »Der Pate I«: Michael Corleone alias Al Pacino befindet sich im sizilianischen Exil, nachdem er einen konkurrierenden

Mafiaboß seines Vaters, des Paten (Marlon Brando), ermordet hat. Er verliebt sich in die junge Apollonia (Simonetta Stefanelli). Die einzige idyllische Szene des Films zeigt die beiden Liebenden in ihrer Brautnacht. Apollonia hält schützend die Arme vor ihre Brust. Und doch nur, wie sich Sekundenbruchteile später herausstellt, um geschickt ihr filigranes Nachthemd abzustreifen. Maciejowski zerlegt die Szene in ihre Einzelteile, in einen Comic der Anmut. Wieder spart der Künstler die weiblichen Gesichtszüge aus, bannt das Antlitz Apollonias in einer Maske. Die flüchtigen Bilder des Films gerinnen in Maciejowskis Gemälde zu Momentaufnahmen einer ganzen Gegenwart, die wir klammheimlich alle herbeisehnen. Er befriedigt unsere Sehnsucht nach einem Kino der großen Gefühle, nach Augenblicken, die wir zu konservieren begehren. Maciejowski hält den Ablauf der Filmbilder auf, drückt mehrmals die »Pause«-Taste. Gerade so, als gelte es, den Gang der Filmhandlung aufzuhalten; als gelte es, die Mafia-Gangs, die eine notorische Spirale der Gewalt erzeugen, zu befrieden. Nur kurz nach dem Liebesglück, das Maciejowski in seinen Bildern auffängt, erzählt der »Pate I« von Apollonias Ermordung. Von Maciejowski ausgespart, haben wir sie doch vor unserem geistigen Auge: Eine konkurrierende Familienbande übt Rache an Michael Corleone. Apollonias Körper wird wenige Einstellungen nach dem Liebesglück von einer Autobombe zerschmettert.

Je mehr man sich den idyllischen Filmszenen nähert,

die Maciejowski in ein Bild bannt, um so mehr entfernen sie sich von einem. Sie sind ein Glücksversprechen, doch ein in Wahrheit höchst gebrochenes. Nicht nur, weil wir den Film vor unserem geistigen Auge fast widerwillig ergänzen, ergänzen müssen. Der dargestellte Liebesaugenblick selbst, er hat einen Makel: Den Liebenden fehlen die Augen, ihren Gesichtern die Münder, die sich zum Kuß vereinigen könnten. Maciejowski verfremdet die gefrorenen Bilder der Idylle selbst. Für einen Moment steigert er ihr affektives Potential, indem er den Lauf der Handlung aufhält; doch gleichzeitig entseelt er die Protagonisten, die in ihren leeren Gesichtern vergeblich ein menschliches Antlitz suchen. Und so radikalisiert er den Furor der Gewalt, der sich im Film ergießt; er zersprengt selbst die wenigen Glücksmomente, die Coppola ohnehin nur rar gesät hat. Nur daß er auf ein Blutvergießen verzichtet.

»Filme mag ich sehr«, sagt Maciejowski. »Ich gucke oft VHS-Videos. Und Al Pacino ist ein guter Schauspieler. Ich habe die Szene gemalt, weil sie mir gefallen hat. Und ein ausgemaltes Gesicht hätte die Harmonie gestört, die Komposition.«

»War es eher zufällig, daß sie diese Sequenz aus dem Paten auswählten?«

»Zufällig?« fragt Maciejowski etwas verwirrt, »nein, sie ließ sich *besonders* gut malen. – Ich male viel«, ergänzt er. »Und ich male schnell, wenn die Farbe auf dem Bild trocken wird, kann ich es nicht mehr anrühren. Das mag ich nicht. Überhaupt. Diese Fragen ... diese Aufsätze über mich ... also ich bin eigentlich kein Künstler, nenne mich auch nicht so, eher so eine Art Handwerker, ein Macher. In die Akademie bin ich statt mit einer Mappe immer mit Plastiktüten gegangen. Damit niemand sagt: Das ist ein Künstler.«

Maciejowskis Eltern sind Bauern, stammen aus einem winzigen Dorf in der Hohen Tatra. Vielleicht neigt man da eher zum Schweigen, weil man weiß, daß auf jeden Sommer ein Herbst folgt. Man blickt ihm fest in die Augen. Man wird irgendwann mißtrauisch – Tatra hin oder her. »Maciejowski«, denkt man, »Sie sind ein Verstellungskünstler!« Ein Höfling auf leichten Sohlen, ein geschmeidiger, ein perfekter Lügner. Sie treiben ein Spiel. Sie sind der Pate, der im verborgenen die Fäden in der Hand hält. Sprachen die polnischen Kunstkritiker nicht ohnehin davon, daß Maciejowskis Kunst ein »Pasticcio« sei, seine verfremdeten Kopien gewissermaßen geschickte, schwindlerhafte Nachbildungen ihrer Originale?

Die Tür geht auf, Maciejowskis Sohn blickt verstohlen durch den Türspalt. Sein Vater winkt ihm kurz zu. Er läuft davon. »Familie ist ja so wichtig«, sagt Maciejowski knapp.

Erneut geht die Tür auf. Mit dem Jungen auf dem Arm kommt uns Maciejowskis Frau entgegen. Ernst fixiert sie ihren Mann, der ein wenig mit den Borsten seines Pinsels spielt. »Wir gehen jetzt. Kannst du uns nachher abholen?« – »Ja, ja«, erwidert Maciejowski schnell. Mutter und Kind entfernen sich. Die Wohnungstür fällt ins Schloß. »So«, sagt Maciejowski, drückt mir sanft die Hand, möchte mich verabschieden, als ihm plötzlich etwas einfällt. »Abholen … abholen. Ja, aber wo?« Panisch stürzt er aus dem Zimmer. Läuft den Hausflur hinab.

Er ist entkommen.

14
DER DICHTER

DAS GESPRÄCH NIMMT eine abrupte Wendung. Noch Sekundenbruchteile zuvor hatte Tadeusz Różewicz versonnen gelächelt. Doch nun zeigt er sein wahres Gesicht: »Das Leben ist nichts wert. Am besten sterben Sie sofort. Warten Sie nicht. Springen Sie: dritter Stock. Das dürfte reichen.«

Wer so spricht, der meint es nicht ernst. Nein, erzählt er nach dieser kleinen Einlage lachend, vielen Gesprächspartnern habe er es aber nicht leicht gemacht: sich Interviews radikal verweigert und bockig geschwiegen. »Ich rieche es sofort« – und er zeigt grinsend auf seine alte Nase –, »wenn jemand Übles im Schilde führt.« Wer den Geruchstest überstanden hat, braucht keine Angst mehr zu haben.

Różewicz ist ein gedrungener, älterer Herr. Er ist 85 Jahre alt und trägt diese Max-Frisch-Hornbrille, die alle europäischen Literaten in den 50er Jahren trugen. Sie verleiht ihm etwas Seriöses und Intellektuelles zugleich. Der DAAD hat ihn nach Berlin eingeladen, damit er ein paar seiner Gedichte vorliest. Jetzt sitzt er etwas verloren in einem großen Sessel seiner Berliner Wohnung, die für solche Zwecke von der Organisation zur Verfügung gestellt wird. Sie ist im alten Westen der Stadt gelegen, in Charlottenburg, das an sonnigen Tagen den Reichtum und die Dekadenz der untergegangenen, alten Bundesrepublik noch widerspiegelt.

Różewicz weiß, daß er im polnischen Medienrummel längst zu einem schillernden Kunstobjekt geworden ist. Zu einem »Puzzle« der Fremdbestimmung, wie er selbst sagt. Seine Teile sind nicht nur in Polen bekannt: Da ist zum einen Różewicz, der Partisanenkämpfer: 1943 kämpft er im polnischen Widerstand der Untergrundarmee gegen Nazi-Deutschland. Er war ein Überlebender, der nicht mehr leben wollte, erinnert sich Różewicz. Und der nur noch leben konnte, indem er das Dichten tötete – mit der Dichtung selbst. 1947 wird sein weltbekannter Gedichtband »Unruhe« gedruckt. Darin heißt es:

»Ich bin vierundzwanzig
unterwegs zur schlachtbank
bin ich davongekommen.«

Und:

»Ich suche einen lehrer und meister
der mir wiedergeben möge
gesichtssinn gehör und sprache

der aufs neue benennt
dinge und begriffe
und der trennen möge
licht und finsternis«

Eine »nackte Poesie« war dies; eine »Antipoesie«, die sich gegen jeglichen »poetischen« Sprachschmuck richtete. Seine Gedichte erinnern an die Lyrik Günter Eichs. Różewicz schreibt karge Sätze: »das ist ein tisch sagte ich / brot ißt der mensch«. Die Rezeption seines Œuvres war in Ost- und Westdeutschland immens. Im Osten paßte seine Lyrik zur zeitgenössischen Verbannung expressionistischer Traditionen, im Westen war es die Gruppe 47, die er mit seiner kargen Sprache begeisterte.

»Was wurde nicht alles über mich geredet – damals«, amüsiert sich Różewicz und stupst mich kurz an, »ich sei der Nihilist, der Atheist, der Pessimist. Aber dabei war ich doch die Hebamme der Literatur.« Plötzlich wedelt er mit einem Artikel von Robert Menasse, der darin über den Tod des Gegenwartstheaters räsoniert. Dieser Autor sei ein Totengräber, sagt Różewicz. »Aber das reicht nicht.«

Różewicz war stets ein Wanderer zwischen den Welten, in Ost und West gleichermaßen beheimatet. »Für mich«, sagt er, »hat es ein geteiltes Deutschland nie gegeben.« Doch wie mag es gewesen sein, als der Dichter, der noch wenige Jahre zuvor mit der Waffe im Anschlag für Polen kämpfte, nach dem Krieg deutschen Boden betrat? Was ging in dem Mann vor, der im Widerstandskampf seinen Bruder verlor; der als Überlebender nur noch lebensmüde dichtete; und der doch bereits in den 50er Jahren mehrere Male die Oder überquerte?

Die Antwort fällt knapp aus: »Es war interessant.« Denn im Partisanenkampf, da lernte man keine Menschen kennen, keine Familien.

Schon während des Krieges, vor allem aber unmittelbar nach seinem Ende, schrieb er über das Kriegstrauma der Polen, das auch sein eigenes war. Er sprach nicht darüber, er verfaßte Gedichte.

Warschau. Hoffnung nährte die ausgehungerten Kämpfer. Irgendwo im fernen London gab es eine Exilregierung, mit der man in Kontakt stand. Zur Unterstützung des Aufstands sollte eine unter britischem Befehl stehende polnische Luftlandebrigade über Warschau abgesetzt werden. Man rüstete sich, im geheimen, mit dem wenigen, was zur Verfügung stand: mit 3000 Handfeuerwaffen, 200 Maschinengewehren, 16 Granatwerfern. Ein kleiner Bestand für 30000 Kämpfer. Partisanen mit leeren, mit wütenden Händen.

»Was für hohle eindeutige namen
mensch und tier
liebe und haß
feind und freund
finsternis und licht«

Am 1. August 1944 beginnt der Warschauer Aufstand. Um 17 Uhr. Überrascht waren die Deutschen von seinem Ausmaß, die Polen eroberten beinahe alle Stadtteile zurück, hißten Fahnen auf Häuserblöcken. Auch wenn der Hauptbahnhof noch nicht eingenommen war, das Telegrafenamt und die Weichselbrücken in deutscher Hand lagen. Und da sollten ja auch noch die Soldaten vom Himmel fallen, aus dem fernen London. Da schickte Hitler Verstärkung. Und der polnische Widerstand brach zusammen. An einem Tag nur, am 5. August, ließ er 15000 Polen erhängen, erschießen, lynchen. Und er beschloß, obgleich der Ostfeldzug im fernen Rußland schon längst verloren war und die Russen sich Warschau näherten, die vollständige Sprengung der polnischen Hauptstadt.

»Menschen tötet man wie tiere
Ich sah:
lastwagen voll zerstückelter menschen
die nicht erlöst werden«

Und kein einziger Helfer sank vom Himmel herab. Die polnischen Fallschirmjäger waren von der britischen Militärführung für andere Aufgaben eingeteilt worden. Und die Führer des Aufstandes konnten nicht wissen, daß die Regierungen in London und in Washington längst akzeptiert hatten, daß Polen zur sowjetischen Einflußzone gehören sollte. Die polnischen

Patrioten, das wußten sie nicht, kämpften längst im Zeichen des roten Sowjetsterns. Die Rote Armee blickte vom gegenüberliegenden Weichselufer auf das Wüten. Als die Kämpfe beendet waren, nahm sie die Stadt ein. Die polnische Heimatarmee kämpfte in Bunkern, in Tunneln und in den dunklen Abwasserkanälen. Vergeblich. 15 000 starben während des Gefechts.

»Ich bin vierundzwanzig
unterwegs zur schlachtbank
bin ich davongekommen.«

Als ich Różewicz treffe, möchte er, wie gewohnt, über »das Schwierige, das Belastende des deutsch-polnischen Verhältnisses in jener oder heutiger Zeit« nicht sprechen. Sein Blick fällt während unseres Gesprächs auf seine Beine, seine Füße, die in dicken Puschen stecken. Różewicz kichert unvermittelt, er streckt sie kurz in die Höhe und erzählt eine Anekdote: »Ich mußte 1956 in Ost-Berlin mit Schuhen im Bett schlafen, mit Mantel und mit Mütze.« Nachts steckte er unter einer riesigen Decke, frierend, mit roter Nase.

Die Kulturschergen der DDR hatten ihn im einstmaligen Nobel-Hotel Adlon, Unter den Linden, untergebracht. Es hatte bessere Zeiten gesehen, ohne Heizung schlief der gefeierte Dichter Polens in einem Ost-Berliner Eisschrank.

Różewicz irritiert mit seiner einnehmenden Freundlichkeit, seiner Gelassenheit, seinem wachen, konzentrierten Blick, der sein Alter vergessen läßt. Wenn er lacht, dann ist er ein neugieriges, ein altes Kind.

Dabei war man gewarnt. Erst kürzlich wurde kolportiert, er wende einem beim Sprechen immer den Rücken zu. Mit einem empfindlichen Naserümpfen haben die polnischen Medien reagiert, als er zu keinem Statement über den Tod seines Dichterkollegen Czesław Miłosz bereit war. Er brauche, um etwas Persönliches über Miłosz zu schreiben, ein halbes Jahr, vielleicht ein ganzes.

»Vielleicht auch zehn Jahre«, präzisiert Różewicz an diesem sonnigen Tag in Berlin seine publizistische Verweigerung. Das messerscharfe Urteil, der zitierfähige Satz, das braucht Zeit. Schnelle Statements sind seine Sache nicht. Eines der letzten Gedichte Różewicz' heißt »Ruhm«. Es handelt vom überreizten Literaturbetrieb:

> »Stets im oktober (an meinem geburtstag)
> fragen die mich ob ich mich freue
> daß ein anderer den nobelpreis bekam.«

Der polnische Dichter wurde in Stockholm früh gehandelt; früher als Grass, wie er anmerkt. Mit ihm war er befreundet, einstmals. Doch jetzt seien viele frühere Bekannte vom literarischen Geschäft derart eingespannt, daß sie nur noch über ihre Sekretärinnen kommunizierten. Und so sucht er in Berlin die Toten auf: Auf dem Dorotheenstädtischen Friedhof schaut er sich das Grab von Heiner Müller an. Mit ihm ist er zweimal zusammengetroffen – zum literarischen Gespräch. Den Geruchstest scheint der Kettenraucher nicht überstanden zu haben. »Diese Zigarren …«, erinnert sich Różewicz. Mehr mag er über Müller nicht sagen.

Es mag an der lakonischen Kürze derartiger Sätze liegen, am plötzlichen Schweigen, am immer wiederkehrenden Refrain des »darüber möchte ich nicht sprechen«, daß Różewicz' Werk – ohne Zweifel eines der düstersten Zeugnisse des Weltkriegstraumas in der polnischen Literatur – eng mit dem Bild seines Autors verschmolz. Doch der bitterste Literat Polens, er erscheint in Berlin als heiterer Grandseigneur: Schließlich könne man nicht weinen, sagt er, »wenn man spricht«.

Abends bereitet ihm die polnische Botschaft einen Empfang. Es wird Sekt getrunken, und es gibt Häppchen mit Lachs und mit Käse. Und alle, da sich alle irgendwie kennen auf diesem Empfang, schütteln sich die Hände. Als Różewicz auf die Bühne tritt, setzen sich die Besucher auf die Stühle.

Ein bißchen Ruhm also für Różewicz an diesem Abend. Immerhin. Wenn auch kein Literaturpreis. Er liest seine Gedichte: leise und präzise. Am Ende, als die große Fragerunde für die Besucher eingeläutet werden soll, wirft er einen schalkhaften Blick in die Runde: »Wir können diskutieren«, sagt er knapp, »aber warum?«

Mehr sagt er nicht.

15
IN BERLIN

EIN FREUND, der Journalist ist, hat mich eingeladen. Jetzt sitze ich in seiner Küche. Wir trinken ein paar Bier, blicken aus dem Fenster auf einen Hinterhof und kommen sehr grundsätzlich, da ich so lange verreist war, auf Polen zu sprechen. Mein Journalistenfreund behauptet, es gebe derzeit genau zwei Typen von Polen, die in Deutschland wahrgenommen werden: die polnische Putzfrau und der polnische Künstler. Polnische Malerei sei derzeit sehr angesagt, sie erziele auf Auktionen stolze Preise. Er habe da einen gutsituierten Bekannten, der in hoher Frequenz teure polnische Kunst einkaufe. Sie staple sich regelrecht in seiner Wohnung, auch zahlreiche Maciejowskis. Dieser Sammler habe aber auch eine polnische Putzfrau. Und nun habe er Angst, daß die polnische Putzfrau, die von etwas hektischem Gemüt sei, ihm versehentlich beim Putzen die polnische Kunst beschädigen könnte.

Wir stoßen an. Ich stimme ihm zu. Im Kern kommt diese Typologie der Wahrheit sehr nahe. Es gibt in Berlin einen Club, der »Club der polnischen Versager«

heißt. Er ist gewissermaßen der polnische Ostblock-Ableger vom »Kaffee Burger«, der wenige Meter entfernt liegt und die Russen mit russischer Musik und die Deutschen mit nie versiegender Ostalgie versorgt.

Im »Club der polnischen Versager«, anders als im »Kaffee Burger«, wird nur selten getanzt. Statt dessen werden dort sehr ambitionierte, sehr lange und komplizierte Filme von Andrzej Wajda aus kommunistischer Zeit an die Wand projiziert. Manchmal kommen die Besucher, zumeist Deutsche, sehr zahlreich und raunen und nicken zwischen zwei Schlucken Beck's, während sie auf die Leinwand blicken. In dem Club gibt es auch Polen. Sie stehen hinter dem Tresen, sind aber, den zumeist deutschen Besuchern gegenüber, zahlenmäßig unterlegen. Die Besucher, vom Film ermattet, sitzen in Retro-Möbeln und dösen vor sich hin. Es macht sich das wohlbekannte Berlin-Gefühl breit: Das Temperament in der Kneipe kommt dem eines Schlaganfallpatienten gleich. Zwei Stehlampen spenden spärliches Licht, alle sind irgendwie 35 Jahre alt, tragen Turnschuhe und stecken in glücklichen Beziehungen. Also in langweiligen.

Das wird dem »Club der polnischen Versager« natürlich nicht gerecht. Und Berlin auch nicht. Es gibt in dem Club nämlich auch, dies zu seiner Verteidigung, geradezu berauschende Abende. Vor allem dann, wenn ein Besucher, ein gedrungener Mann um die 40, eintritt, sich in der Toilette sogleich auszieht, wieder in den

Gastraum kommt, um dann den Abend nackt im Club zu bestreiten.

Ein Pole. Er kommt unregelmäßig, aber wenn er kommt, dann werden die Gespräche um ihn herum deutlich lebhafter. Als würde die Mischung aus Scham und dem Gefühl, einer avantgardistischen Inszenierung beizuwohnen, soziale Energien freisetzen. Der Club hat dann etwas von der Dekadenz eines Fellini-Films, in dem alle ein bißchen aufgekratzt sind und in den 60er Jahren leben könnten. Einem Zeitalter also, in dem es noch darum ging, irgendwelche Tabus zu brechen. Der nackte Mann ist übrigens immer der einzige, der völlig entspannt im Sessel sitzt und langsam eine nach der anderen raucht. Schweigend und einsam. Und die leicht gesteigerte Erregtheit der Gäste um ihn herum besteht vor allem darin, daß sie mit hoher Betriebsenergie versuchen, Neu-Berliner Coolness zu bewahren und diesen Mann als völlig gewöhnlichen, nur ein klein wenig abwegigen Gast zu begreifen.

Es gelingt nicht recht. Sobald er eingetreten ist, werden die Gespräche lauter und beinahe interessant. Hin und wieder lacht sogar jemand.

Die Beliebtheit des Clubs, sage ich zu meinem Freund, der Journalist ist, bestätige seine These vom Polen, der in Deutschland derzeit gerne mit einer gewissen Künstleraura bedacht wird. Auch seine zweite Typusbeschreibung, die der polnischen Putzfrau, stimmt noch. Sie entstammt den 80er und 90er Jahren, als die

Verniedlichung der Polen heftig um sich griff; als man die Polen als ärmliche und kleinkriminelle, gleichzeitig aber sympathische und harmlose Geschöpfe entdeckte. Dieses Polenbild lebt noch, hat sich aber, aufgrund der Angleichung der Lebensverhältnisse, in letzter Zeit deutlich abgeschwächt. So gibt es in Berlin auch das genaue Gegenteil zum »Club der polnischen Versager«. Einen Laden im nördlichen Prenzlauer Berg, der eingemachte Gurken und Krówki-Bonbons verkauft. Der aber nur überlebt, da es Menschen in diesem Bezirk gibt, die mit einer linksliberalen Gesinnungsethik ausgestattet sind und aus Mitleid hin und wieder sich mit polnischen Nostalgieprodukten versorgen. Die kräftige Verkäuferin ist so freundlich, so überschwenglich zu ihren Kunden und rollt das polnische »Rrrr« mit derart inszenierter Dramatik, daß sich jedesmal eine sehr befangene Stimmung einstellt, sobald man das kleine Ladenlokal betritt.

Ich bin also wieder in Deutschland angekommen. Ich habe die lahme polnische Bahn, der ich überdrüssig geworden war, verschmäht, und ein Billigflieger flog mich sicher und schnell über die Grenze. Vielleicht haben Reisen dies grundsätzlich an sich: daß, sosehr sie einen auch entrücken aus der Zeit, in der man lebt, sich die Eindrücke nur wenige Tage nach der Rückkehr bereits verflüchtigen. Fast so, als hätte man sich nie aufgemacht, den Koffer nie gepackt, nie fremde Menschen kennengelernt. Nach nur wenigen Minuten gewöhnt sich das Auge an das Koordinatennetz der alten Wohnung, man könnte blind umherlaufen. Was bleibt, sind einige Stunden, in denen die kleinen Unterschiede zwischen dem Land, aus dem man kam, und demjenigen, in dem man lebt, noch spürbar sind.

Ich stellte den Koffer ab, den ich mich nicht recht traute zu öffnen, da er seinen Inhalt in völliger Unordnung barg – schmutzige Wäsche und wirre Notizen –, blickte auf mein Handy, das mir per SMS die Einladung meines Journalistenfreundes mitteilte, und verließ, die Müdigkeit, die sich nach meiner Reise eingestellt hatte, tapfer ignorierend, sogleich meine Wohnung.

Ich bin vor zwei Jahren so weit in den Norden von Berlin gezogen, daß die Bezeichnung Prenzlauer Berg, dem meine Straße laut Plan angehört, nicht recht passen mag. Jedenfalls leben hier, nur wenige Schritte vom Wedding und von Pankow entfernt, keine junggebliebenen westdeutschen Paare mit rüstiger Gebärfreude, die abwechselnd stillen, Kaffee trinken und auf freiberufliche Projekte warten. In meiner Gegend wohnen, so kommt es mir manchmal vor, in erster Linie Hunde. Auf der gegenüberliegenden Straßenseite ist ein Hundesalon, und nur wenige Meter weiter hat während meiner Abwesenheit ein Konkurrenzunternehmen eröffnet: der »erste«, wie an der Scheibe steht, »Self-Service-Hundewasch-Salon Berlins«. Das faßt recht prägnant den Kreativ-Level der Gegend um die Bornholmer Straße herum zusammen.

Ich habe Nachbarn, Punks, ostdeutsche Punks, die riesige Hunde haben. Die Hunde sind größer als ihre Besitzer, daher habe ich ein bißchen Angst vor ihnen. Sie heulen nachts so laut, daß ich im Halbschlaf immer der festen Überzeugung bin, sie werden in der Pfanne gebraten. Die Punks haben so viele und, wie mir scheint, auch ständig wechselnde Hunde, daß ich diese These auch im Wachzustand bis heute noch nicht gänzlich verworfen habe. Eine ältere, robuste Berlinerin, die gleichfalls im Haus wohnt, sagte zu mir im Treppenhaus einmal verschwörerisch, wir hätten ja ziemlich »lebhafte Nachbarn«, und rollte mit den Augen. Auch sie hat einen Hund, einen kleinen Dackel, deshalb weigerte ich mich, ihrer Feststellung etwas Sachdienliches hinzuzufügen. Auch der völlig unangemessene Ausdruck »lebhaft«, den sie verwendete, schien mir dermaßen deplaziert, daß ich ihr mißtraute. Womöglich steckt sie mit den Punks unter einer Decke und züchtet in ihrem Wohnzimmer Welpen, die heranreifen zu Pferdegröße und die sie den Punks dann regelmäßig zum Schlachten überläßt. Sie ist Rentnerin und hat sonst nichts zu tun.

Aber wahrscheinlich ist dies nur eine der Verschwörungstheorien, wie sie den Polen ohnehin eigen sind, angesichts ihrer tragischen Geschichte.

In Krakau und in Warschau hat der Hund einen weitaus geringeren sozialen Status. Genauer gesagt: Es gibt kaum Hunde. Vielleicht sind die Wohnungen einfach zu klein, um einem Vierbeiner genügend Auslauf zu gestatten. Die wenigen Hunde, die man abends erblickt, werden jedenfalls ganz eng an der Leine geführt, und man sieht den Besitzern an, daß sie sich schämen für ihr Haustier. Sie schämen sich, daß es ihn überhaupt gibt, den Hund an ihrer Seite, und sie bereuen seine Anschaffung zutiefst. Anders ist nicht zu erklären, warum nur Männer mit hochgeschlossenem Mantelkragen ihre Hunde ausführen. Höchstens noch damit, daß es Beamte des Drogendezernats sind und die Hunde nur ihre Spürhunde. Die einzigen Hunde in Polen.

Ich laufe die Schönhauser Allee Richtung Süden entlang. Das gewohnte Bild: Eine Flut von Fahrradfahrern rast mir, auch auf dem Gehweg, entgegen. Es ist in Berlins Straßen wesentlich wahrscheinlicher, von einem Fahrradfahrer getötet zu werden als von einem Laster, der sich zumindest akustisch ankündigt, einer sanften Warnung gleich.

In Polen gibt es dieses Verkehrsproblem nicht. In Polen gibt es keine Fahrradfahrer. Polnische Männer fahren Auto. Ein Fahrrad würde ihrem männlichen Selbstverständnis und ihrem sozialen Status widersprechen. Schwitzend in die Pedale zu treten, mit gekrümmtem Rücken über dem Lenkrad, ist ihrer nicht würdig. Und auch Frauen fahren kein Fahrrad. Es würde, so ihre feste Überzeugung, die Grazie zerstören. Auf den aufrechten stolzen Gang und das machtvolle Klappern der Stöckelschuhe möchten sie keinesfalls verzichten. Nur Kinder fahren in Polen Fahrrad, zwischen zwei Wohnblöcken, an den Stadträndern.

Ich komme an einem Ökosupermarkt vorbei. Eine lange Schlange vor den Kassen hat sich gebildet: In den Körben liegen Ökokekse, Ökofleisch und Ökozucchini. Der deutsche Ökoladen ist nicht mehr grünen Sektierern vorbehalten, er ist in der Mitte der Gesellschaft angekommen. Man legt Wert auf gesundes Essen. In Polen legt man Wert auf fettiges Essen: auf Fleisch. Gemüse und Salat gibt es auf der Speisekarte nur als Randerscheinungen. Es gibt keine Ökoläden in Polen. Polen ist eine hundesalon-, fahrradgeschäfte- und ökoladenfreie Zone. Ich habe in Polen niemanden getroffen, der sie vermißt. Es gibt in Polen auch keine Vegetarier, keine Mülltrennung, kein Dosenpfand. Es gibt keine Beziehungsexperimente, die bis ins Rentenalter reichen. Es gibt auch keine Rente, keine Arbeitslosenversicherung, die ihren Namen verdienen. Es gibt keinen nennenswerten Kündigungsschutz.

Polen ist das Gegenteil von Deutschland. Es ist abgrundtief patriotisch, aber niemand kommt auf die Idee, der Staat könne für ihn sorgen. Deutschland ist vollkommen unpatriotisch, hat aber dem Staatswesen gegenüber heftige Ansprüche. In Polen haben Frauen keine kurzen Haare. Und Männer haben keine langen.

In Polen haben die Straßen Schlaglöcher, in Deutschland nicht einmal mehr in Berlin. Ostdeutschland hängt am Nabel westdeutscher Subventionen, mit mäßigem Erfolg. Polen ist seit der Wende weitestgehend allein auf sich gestellt. Deshalb sind die ostdeutschen Länder so traurige Landstriche, während Polen den Kapitalismus neu erfindet.

In Deutschland sucht man überreizt nach einem neuen Bürgertum. Mit der Lupe. In Polen hat ausgerechnet der Sozialismus Familienwerte, den Handkuß, eine starre Rollenverteilung der Geschlechter konserviert. Als Gegenreaktion zur offiziellen Staatsdoktrin.

In Berlin sind die Mieten sehr niedrig, in Warschau und Krakau sehr hoch. Deshalb wird in Krakau schneller studiert, früher ein Beruf gewählt, früher geheiratet. Deshalb trifft man sich in Warschau für eine Viertelstunde im Café, in Berlin für einen ganzen Sonntagnachmittag. In Polen müssen schneller Entscheidungen gefällt werden. Sehr früh und für ein ganzes Leben. In Deutschland hat man Zeit, Entscheidungen hin und her zu wenden. Bis man nicht mehr weiterweiß. Da man in Polen weniger Zeit hat, wird auch heftiger gefeiert: Man nutzt das kleine Zeitfenster, das sich dem Rausch eröffnet.

Die Zeit, die man in Deutschland hat, führt zu einer besonderen Form des Humors: der Ironie. Ironie ist, wenn man das Gegenteil von dem meint, was man sagt.

Man distanziert sich von einem Standpunkt, bleibt ihm aber doch verbunden. Durch einen gegenteiligen Standpunkt. Ironie erzeugt keinen Fortschritt. Sie dreht sich im Kreis. Ironie hat Zeit. Und sie ist spöttisch: »Du bist mir ein schöner Freund!«

In Polen ist man nicht ironisch, man ist absurd. Die Pointe ist häufig die, daß es gar keine gibt. Man ist sich der gebrechlichen Einrichtung der Welt bewußt. Deshalb ist das Absurde in Polen versöhnlich. Aber auch traurig. Deshalb sind die Polen gerne melancholisch. Doch Melancholie ist nur eine ins Traurige gewendete Form von Zufriedenheit. Polen ist somit modern, Deutschland postmodern, es wittert in allem ein bereits vergangenes Zitat, es ist pathosarm, es panzert sich ein in Coolness.

Beide Länder haben einen Komplex. Die Polen haben einen Minderwertigkeitskomplex, da Rußland und Deutschland ihnen mächtiger, finanzstärker und größer erscheinen. Deutschland hat einen moralischen Komplex gegenüber Frankreich und Polen, der unheilvollen Geschichte wegen. Deshalb wird hier so gesund gegessen, deshalb gibt es so viele Lehrer, deshalb wird Müll getrennt und werden lebhaft Geschlechterkonflikte ausgetragen. Deshalb kreist immer alles um Moral. Deshalb sind viele Deutsche so europafreundlich, suchen eine europäische Identität. Um ihre deutsche loszuwerden. Die Polen hingegen sind häufig europaskeptisch, da sie ihre nationale Identität bedroht sehen.

Polen ist katholisch, Deutschland ist in seinem Kern protestantisch: Seine Bewohner sind inszenierungsfaul und mit einem lebhaften Gewissen ausgestattet. Deshalb wird schnell angemahnt, daß so eine länderspezifische Gegenüberstellung undifferenziert, vor allem aber unmoralisch ist. Aber ich habe eine lange Reise hinter mir. Und mein Journalistenfreund hat Bier kaltgestellt.

Er sieht müde aus heute abend, da er bei einer Tageszeitung arbeitet und sehr spät noch, kurz vor Redaktionsschluß, irgendwelche Meldungen über integrationsunwillige Türken in Berlin-Neukölln ins Blatt bringen mußte. Irgend jemand hat im Frühjahr 2006 entdeckt, daß in Deutschland seit Jahrzehnten schon Ausländer leben und daß diese Ausländer Deutschland nun Probleme bereiten. Jedenfalls ist die Grundstimmung, als wir uns treffen, ein bißchen hysterisch. In einer Schule kapitulierten die Lehrer angesichts gewaltbereiter Jugendlicher in ihren Klassenräumen. Kurz darauf sitzen in dieser Schule, als dies öffentlich wird, mehr Journalisten auf der Schulbank als Schüler. Die Journalisten warten vergeblich auf eine Messerstecherei. Die Schüler denken im Traum nicht daran. Wie gesagt, die Stimmung ist, als wir uns treffen, ein bißchen hysterisch im Land.

Wir sprechen darüber, daß die Polen sich in Deutschland als Putzfrauen und als Künstler eigentlich ganz gut eingerichtet hätten. Deshalb würden sie auch kaum wahrgenommen. Man muß Probleme machen, um wahrgenommen zu werden. Wir nicken uns an. Es ist schön, einer Meinung zu sein. Und ich freue mich, ihn nach so langer Zeit wiederzusehen, und er bringt zur Feier des Tages Salzstangen, die er in ein Glas füllt und auf den Tisch stellt. Ich überlege kurz, ob, angesichts des lausigen Mahls, jetzt wohl ein langer Monolog über die Gastfreundschaft diesseits und jenseits der Oder angemessen sei. Aber ich bekämpfe den Hunger, der sich nach der Reise eingestellt hat, mit einem zweiten Bier.

Mein Journalistenfreund fragt mich, ob ich bei der Fußballweltmeisterschaft eigentlich die Polen oder die Deutschen unterstütze. Ich sage, Polen sei keine Turniermannschaft, und zucke mit den Schultern. Dann fragt er, was ich »von der Reise mitgenommen« habe? Er meint nicht den Wodka, sondern so etwas wie eine grundlegende Erkenntnis, die aus der Reise hervorgegangen sei und die sie im nachhinein rechtfertige. Na ja, erwidere ich, ich habe Menschen getroffen, die ich seit Jahrzehnten nicht gesehen habe. Und manchmal sei die Vergangenheit ganz nah an mich herangetreten. Als ich Tadek wiedersah, war es mir, als habe sich bruchlos unser Verhältnis erneuert. Und im Gleichklang, wie zwei Tanzpartner, die demselben Rhythmus folgen, waren Vergangenheit und Gegenwart, Polen und Deutschland miteinander verschmolzen. Aber derartige Erlebnisse waren selten, und die Einbildungskraft half bei manchem Wiedersehen über die Distanz, die sich nach den Jahren eingestellt hatte, hinweg. Die Reise verkläre manches, aber Reisen seien ohnehin vor allem Erzählungen, die verführen.

Meinem Journalistenfreund ist die Antwort zu vage, zu sehr meinem Germanistikstudium entsprungen. »Erzählungen!« ruft er empört aus.

In Bonn habe ich Germanistik studiert. Zusammen mit einem koreanischen Bekannten. Der Koreaner litt manchmal ein wenig unter seinem Koreanerdasein. Einmal beschwerte er sich, sagte, wir Polen könnten unsere Herkunft zumindest phänotypisch verstecken. Dieser Koreaner sagte auch, daß es doch kein Zufall sei, daß ausgerechnet wir – er, der Koreaner, und ich, der Pole – uns über das Werk von Heinrich von Kleist hermachten. Denn Migrantenkinder hätten sehr häufig die Aufgabe, den biographischen Bruch ihrer Eltern durch ihre eigene Biographie zu kitten. Und daß ausgerechnet wir an deutscher Literatur laborierten, sei eine ungesunde Form der Überkompensation.

Mein Journalistenfreund hegt einen Zweifel jeder universitären Bildung gegenüber und sagt, als Journalist, da glaube er, daß man, bevor man etwas erzählt, eine klare Frage, einen Auftrag haben muß, dem dann bitte schön auch eine klare Antwort folgen solle. Von dem Vergleich meiner Reise mit einem Tanz, die ihm zu metaphorisch scheint, lasse er sich genausowenig blenden wie von meiner Darlegung meiner Studentenzeit, die ihn nur mäßig interessiere. Er fragt noch einmal nach dem Kern meiner Reise. Fakten, bitte.

Ich überlege eine Weile, öffne das dritte Bier, es liegt nahe, ihn mit meinen etwas zugespitzten Polen-Deutschland-Unterschieden abzuspeisen, die sich mir auf dem Weg zu seiner Wohnung eröffneten. Aber seine so drängende Frage verlangt eine knappe, schnelle Antwort. Und ich sage, daß mir in Polen der leichte Umgang mit Niederlagen, dieses Leben im Provisorischen, in dem man sich durchzuschlagen hat, sehr gefällt. In Polen werde der menschliche Makel nicht nur toleriert, er werde gefeiert. Gerade dann, wenn man sich geschickt verstellt, ein wenig theatralisch ist und damit das Leben als sanfte Lüge begreift. Und es hätte etwas Leichtes, Beschwingendes, wenn man sich nicht schämt, sobald etwas nicht gelingen mag. Man würde es schließlich ein andermal schon irgendwie hinkriegen. Das sei, wenn ich mich festzulegen hätte, die Erkenntnis meiner Reise.

Darauf sagt mein Freund, der Journalist, er hätte da eine revolutionäre, noch etwas utopische Idee. Irgendwann, und er fügt einige Beispiele des deutschen Reformstaus an, könnte es soweit sein, daß wir einen Club in Polen eröffnen würden. Und jeder in Polen würde die Anspielung auf Anhieb verstehen: der »Club der deutschen Versager«.

Eine Weile noch, da wir Zeit haben und morgen ausschlafen können, blicken wir hinaus auf einen breit ausgestreckten Berliner Himmel. Er erschließt sich uns vom Küchenfenster aus. In Berlin ist der Himmel, da die Straßen so weit auseinanderliegen, häufig sehr weit. Und es scheint uns, als lebten wir in einem Meer von Möglichkeiten. Als könnten wir pathetisch und auch ein wenig melancholisch sein, einen Abend lang. Das Gespräch führt uns über verflossene Liebschaften in der Vergangenheit zu sehr grundsätzlichen, traumverlorenen Plänen in naher Zukunft. Wir reihen Klischees aneinander. Wir wissen es nur zu genau. Und wir schämen uns dabei kaum.

EPILOG: EIN PAAR SCHWEIGT

KAYAH SANG IM PIĘKNY PIES VOM TABAK. Und das Paar, unermüdlich, tanzte einmal mehr an uns vorbei. Fast hätte es uns berührt. »Ein schöner Polski Tango«, sagte ich zu meinem Tresennachbar. Er verbesserte mich: »Es heißt ›Polskie Tango‹.« »Denn Tango«, sagte er, »ist ein Neutrum«. Das war auch sein letztes Wort, sein Kopf sank auf den Tresen, die Augen waren halb geschlossen. Wie tot, dachte ich kurz, doch er atmete leise und schwer.

Schwarze, verbrannte Galle ergießt sich ins Blut, so hat man sich das einst vorgestellt, wenn die Melancholie einen ergreift, das Vergnügen, traurig zu sein. »Na zawsze zostaw, jak znak miłości twojej« – »Laß den Tabakbeutel hier«, sang Kayah, »laß ihn mir für immer, als ein Zeichen deiner Liebe.« Sie tanzten noch immer. »Niech truje mnie powoli« – »laß den Tabak mich langsam vergiften.« Ich schaute mich um in der Kneipe, und die übrigen Gäste blickten auf das Paar, das den Tanz nicht lassen konnte, berauscht von sich selbst.

Dann geschah es. Der Tänzer, seiner Schritte nicht

ganz so mächtig, wie es anfangs noch schien, streifte, unmerklich fast, mit seinem Rücken einen der Bistrotische. Volle Bier- und Wodkagläser stürzten augenblicklich zu Boden, die Gäste sprangen vom Tisch, und eine Frau mit rotem Kleid schrie sehr laut »Kurwa!«. Ihr Kleid war durchnäßt, und ihre Schminke vermischte sich mit dem Bier, das nun langsam von ihrem Gesicht herabtropfte.

Und der Tänzer, der mit der Frau noch Bruchteile von Sekunden zuvor erhaben getanzt hatte in ewiger Jugend, zog seinen Fuß zu langsam nach, verhedderte sich im Rhythmus, brachte den Gleichschritt durcheinander. Und die Beine des Paares verhakten sich ineinander, sie stürzten, die Tänzer, die das stolzeste Paar auf der Welt waren, auf den kalten Kneipenboden. Er fiel auf sie, mit erschrockenem Blick, stützte sich mit einem Arm ab, um sie nicht gänzlich zu erdrücken. Sie, schon lachend, laut, schallend, schob ihn zur Seite. Es schien eine Ewigkeit zu vergehen, bis sie wieder aufstanden. Und die Musik wurde abgedreht. Ein Kellner sprang herbei und breitete die Arme aus, sah, erleichtert, daß sie beide nur lachten und unverletzt waren. Faltig waren plötzlich ihre Gesichter, so ganz ohne Musik und ohne ihre beschwingten Bewegungen. Und der Tänzer drückte seine Hände in die Hüfte und wirkte sehr ermattet, als sein Lachen, das sein Mißgeschick zunächst übertünchte, abebbte wie schwere See, die zur Ruhe kommt.

In einem Drama, das mir sogleich einfiel – es handelt

von einem König, der in Ohnmacht fällt und wieder erwacht –, stand, daß man fallen dürfe, das schon, aber daß man gefälligst »des Anblicks würdig« wieder aufstehen solle.

Das Paar setzte sich an den Tresen. Der Mann hatte schütteres Haar und einen Goldzahn, und die Frau war stark geschminkt. Jung waren sie nicht mehr, womöglich war es ein letzter Tanz. Eine Bedienung wischte den Boden und räumte die Splitter weg, die ihn säumten. Und nach und nach verließen die Gäste das Lokal, nur der Mann, der mein Polnisch den gesamten Abend über verbessert hatte, schlief tief und fest. Das Tanzpaar hielt am Tresen schweigend die Hände, und sie bestellten ein letztes Getränk. Und ich hätte sie gerne angesprochen, aber die Musik war verklungen, und ich traute mich nicht, ihre Ruhe zu stören. Denn sie schwiegen. Und ich fragte mich eine Weile, ob ihr Schweigen ein glückliches war. Es ließ sich nicht sagen.

Ich verließ das Lokal, lief die Straße hinab, die zum Hotel führte und die ganz leer war. Meine Reise lag noch vor mir. Doch die erste Lektion hatte ich bereits am ersten Abend gelernt: Es heißt Polskie Tango, denn Tango ist ein Neutrum.

Und das Paar, das hinter meinem Rücken noch weitertrank, vermutlich bis der Morgen graute, wußte, daß zu leben immer auch zu verlieren heißt.

DANKSAGUNG

ICH BIN ZU DANK VERPFLICHTET: Meinen Eltern, Barbara Wermann, Florian Illies, Jochen Thermann, Christoph Amend, Marin Majica, Stephan Lebert und Marianna Lieder. Sie haben etwas gemein: Ohne ihre Unterstützung wäre dieses Buch nicht entstanden. Teile daraus sind bereits in *Monopol*, im *Tagesspiegel* und in der *ZEIT* veröffentlicht worden. Den Berliner Kollegen im Ressort »Leben« der *ZEIT* sei für Anregungen und Kritik ganz besonders gedankt.